Tréguier

DÉPÔT LÉGAL
Seine & Oise
No 59
1888

499

SCÈNES

CLASSIQUES ET MODERNES

ET MONOLOGUES

A LA MÊME LIBRAIRIE

DU MÊME AUTEUR

Lecture expressive à l'usage de toutes les écoles. Recueil de morceaux choisis de prose et de vers avec de nombreuses annotations sur le ton, l'inflexion, l'accent et la manière de phraser, par Léon Ricquier, président de la Société de lecture et de récitation, professeur de lecture expressive et de littérature à l'École normale de la Seine, au collège Chaptal, à l'école Turgot, à l'école Colbert, à l'école Lavoisier, à l'école J.-B. Say, à l'École commerciale et aux cours de l'Association philotechnique. In-12, cart. *Petit cours*........................ » **90**
— *Cours moyen*. 1 vol. in-12, cart.................... **1 25**
— *Cours supérieur*. In-12, cart....................... **1 75**

Méthode de lecture et de récitation, nouv. édition, cart. in-12.. **1 20**

Cours de lecture à haute voix des écoles normales primaires, professé à l'École normale de la Seine, ouvrage rédigé conformément aux nouveaux programmes, 1 v. in-12, br. **1 50**
— *Le même*, cart.................................. **2** »

Contes, poésies, récits, nouvelles en prose et en vers, morceaux à dire dans les concerts, salons, soirées, réunions scolaires, distributions de prix, choisis dans Victor Hugo, Lamartine, A. de Musset, A. Daudet, E. Manuel, Nadaud, F. Coppée, J. Normand, V. Sardou, etc., avec de nombreuses annotations sur le ton, l'inflexion, l'accent et la manière de phraser, in-12, broché... **2 50**
— Relié... **3 50**

Éléments de littérature française des écoles primaires. Les écrivains français connus par leurs œuvres, avec des notices sur chaque genre et chaque auteur................ **2** »

Lectures et récitations pour les enfants de 6 à 10 ans, 1 vol. in-12, cart.. » **90**

Corbeil. — Imprimerie Crété-de l'Arbre

SCÈNES
CLASSIQUES ET MODERNES
ET MONOLOGUES
A 2, 3 ET 4 PERSONNAGES

EXTRAITS DES ŒUVRES DE

Molière, Regnard, Boursault, V. Hugo, Th. Gauthier, A. de Musset,
E. Augier, E. Labiche, V. Sardou, T. Barrière, J. Claretie, E. Manuel,
J. Normand, A. de Launay, Grenet-Dancourt

AVEC DE NOMBREUSES NOTES
SUR LA MANIÈRE DE DIRE ET DE JOUER CES SCÈNES ET CES MONOLOGUES

A L'USAGE DE LA JEUNESSE

POUR LES SALONS, LES CONCERTS, LES ÉTABLISSEMENTS SCOLAIRES
ET LES RÉUNIONS LITTÉRAIRES

Par LÉON RICQUIER

Officier de l'instruction publique
Professeur à l'École normale de la Seine, au collège Chaptal,
aux Écoles municipales supérieures,
Directeur des Matinées Littéraires des écoles de la ville de Paris

PARIS
LIBRAIRIE CH. DELAGRAVE
15, RUE SOUFFLOT, 15

1887

INTRODUCTION

Le goût de la diction se répand de plus en plus.

Il n'est guère aujourd'hui de concert et de réunion de famille où l'on ne dise une poésie, où l'on ne joue un fragment de comédie entre deux morceaux de musique.

Afin de guider dans le choix de ces exercices dramatiques et de donner quelques conseils sur la manière d'interpréter ces poésies et ces scènes, j'ai fait ce recueil.

J'y ai placé à côté des fragments des pièces les plus intéressantes de nos auteurs contemporains, quelques monologues de nos bons faiseurs, et plusieurs des scènes les plus remarquables de notre théâtre classique.

Je désire que ce livre soit utile aux jeunes gens qui veulent se perfectionner dans cet art de bien dire, dont on reconnaît aujourd'hui la grande utilité.

Pour traduire l'œuvre d'un auteur, il faut faire comprendre sa pensée tout entière, en exprimant non seulement ce qu'il a mis dans son texte, mais ce qu'il a laissé dans son esprit et dans son cœur.

Pour faciliter cette étude, j'ai marqué les temps que la phraséologie nous oblige à faire, en annotant les morceaux suivants avec des barres verticales (|) et des barres horizontales (—).

Une barre verticale (|) indique un temps que la ponctuation ne marque pas.

Une barre horizontale à la fin d'un vers (—) indique un enjambement, c'est-à-dire le passage sans arrêt d'un vers à un autre, mais sans détruire le rythme et l'harmonie poétique.

*Pour dire juste, il faut mentalement faire précéder la phrase ou la faire suivre de certains mots qui, complètent le sens, définissent la pensée de l'auteur d'une manière plus précise et déterminent plus nettement l'inflexion.

J'ai indiqué ces mots en les faisant imprimer en italiques avant ou après chaque pensée.

Toutes les autres annotations sont composées en petits caractères.

J'ai indiqué la position du personnage dans chaque scène par des renvois au bas de la page.

Ces renvois marquent la place de chaque rôle en commençant par la gauche du spectateur.

Ainsi : (1) *le Comte, Antoine, la marquise, le Duc.* Cela veut dire que le comte est le premier à gauche du spectateur, Antoine le second, la marquise la troisième et le duc tout à fait à droite.

L. RICQUIER.

SCÈNES
CLASSIQUES ET MODERNES
ET MONOLOGUES

LE GENDRE DE M. POIRIER

COMÉDIE EN QUATRE ACTES

De M. E. AUGIER[1]

M. Poirier a marié sa fille au marquis de Presles et lui a donné un demi-million de dot, dans l'espoir que son gendre, par ses relations et son crédit, pourrait lui être utile et le faire arriver à la pairie; mais le marquis qui n'a épousé mademoiselle Poirier que pour payer ses dettes et mener encore sa grande vie d'autrefois, refuse de se prêter aux combinaisons ambitieuses de son beau-père.

M. Poirier a payé les créanciers de son gendre, ainsi qu'il l'avait promis. Mais sachant que celui-ci avait eu affaire à des usuriers, il leur a rogné une certaine somme sur ce qui leur était dû.

Le marquis de Presles, furieux d'abord de la con-

---

[1] Calmann-Lévy, éditeur, 6, rue Scribe.

duite de son beau-père, se calme cependant, lorsque sa femme paye sur sa dot ce qui reste dû aux créanciers.

En apprenant ce fait, M. Poirier, irrité à son tour, se propose de se venger de son gendre.

SCÈNE II
LE MARQUIS, M. POIRIER [1]

LE MARQUIS (d'un ton bienveillant mais un peu gouailleur).

Eh bien ! cher beau-père, comment gouvernez-vous ce petit désespoir ? Êtes-vous toujours furieux contre votre panier percé de gendre ? Avez-vous pris votre parti ?

POIRIER (d'un ton ferme et décidé).

Non, Monsieur ; mais j'ai pris un parti !

LE MARQUIS (d'un ton gai).

Violent ?

POIRIER (en appuyant).

Nécessaire !

LE MARQUIS (d'un ton déférent).

Y a-t-il de l'indiscrétion à vous demander ?...

POIRIER (du même ton que le marquis).

Au contraire, Monsieur, c'est une explication que je vous dois...

(Ils vont s'asseoir à une table qui est au milieu [2]).

1. Toutes les indications sont données en marquant la première personne à la gauche de celui qui regarde la scène. Le Marquis, M. Poirier.
2. Marquis assis, la table, Poirier assis.

(D'un ton explicatif).

En vous donnant ma fille et un million, je m'imaginais que vous consentiriez à prendre une position.

LE MARQUIS (d'un ton agacé).

Ne revenons pas là-dessus, je vous prie.

POIRIER (d'un ton approbatif).

Je n'y reviens que pour mémoire...

(D'un ton quelque peu moqueur).

Je reconnais que j'ai eu tort d'imaginer qu'un gentilhomme | consentirait à s'occuper comme un homme, et je passe condamnation;

(D'un ton de restriction).

Mais, dans mon erreur, je vous ai laissé mettre ma maison sur un ton que je ne puis pas soutenir à moi seul ; et puisqu'il est bien convenu que nous n'avons à nous deux que ma fortune,

(En appuyant sur chaque terme).

il me paraît juste, raisonnable et nécessaire de supprimer de mon train | ce qu'il me faut rabattre de mes espérances.

(D'un ton hésitant).

J'ai donc songé à quelques réformes | que vous approuverez sans doute.

LE MARQUIS (d'un ton dégagé et joyeux).

Allez, Sully ! allez, Turgot !... coupez, taillez, j'y consens ! vous me trouvez en belle humeur, profitez-en !

POIRIER (d'un ton de politesse exagérée).

Je suis ravi de votre condescendance.

(Appuyant).

J'ai donc décidé, arrêté, ordonné...

LE MARQUIS (d'un ton d'observation railleuse).

Permettez, beau-père : si vous avez décidé, arrêté, ordonné, il me paraît superflu que vous me consultiez.

POIRIER (d'un ton naïf et simple).

Aussi ne vous consulté-je pas ; je vous mets au courant, voilà tout.

LE MARQUIS (d'un ton surpris et hautain).

Ah ! vous ne me consultez pas ?

POIRIER (d'un ton moqueur).

Cela vous étonne ?

LE MARQUIS (d'un ton bienveillant).

Un peu, mais je vous l'ai dit, je suis en belle humeur.

POIRIER (d'un ton ferme).

Ma première réforme, mon cher garçon...

LE MARQUIS (l'interrompant d'un ton hautain).

Vous voulez dire mon cher Gaston, je pense? La langue vous a fourché.

POIRIER (d'un ton embarrassé)

Cher Gaston, cher garçon... c'est tout un... De beau-père à gendre, la familiarité est permise.

LE MARQUIS (d'un ton très ironique).

Et de votre part, monsieur Poirier, elle me flatte | et m'honore... Vous disiez donc que votre première réforme ?...

POIRIER (d'un ton vexé). (Il se lève.)

C'est, Monsieur, que vous me fassiez le plaisir de ne plus me gouailler. Je suis las de vous servir de plastron.

LE MARQUIS (d'un ton plus doux). (Il se lève 1.)

Là, là, monsieur Poirier, ne vous fâchez pas!

POIRIER (d'un ton irrité).

Je sais très bien que vous me tenez pour un très petit personnage et pour un très petit esprit... mais...

LE MARQUIS (du ton d'un homme qui cherche à adoucir Poirier).

Où prenez-vous cela?

---

1. Le marquis, M. Poirier.

POIRIER (toujours d'un ton colère).

Mais vous saurez qu'il y a plus de cervelle dans ma pantoufle | que sous votre chapeau.

LE MARQUIS (d'un ton de reproche).

Ah! fi! voilà qui est trivial... vous parlez comme un homme du commun.

POIRIER (d'un ton dédaigneux).

Je ne suis pas un marquis, moi !

LE MARQUIS (d'un ton moqueur).

Ne le dites pas si haut, on finirait par le croire.

POIRIER (d'un ton d'indifférence).

Qu'on le croie ou non, c'est le cadet de mes soucis. Je n'ai aucune prétention à la gentilhommerie, Dieu merci! Je n'en fais pas assez de cas pour cela.

LE MARQUIS (d'un ton étonné).

Vous n'en faites pas de cas?

POIRIER (d'un ton de dédain).

Non, Monsieur, non! Je suis un vieux libéral, tel que vous me voyez ;

(D'un ton sentencieux).

je juge les hommes sur leur mérite, et non sur leurs titres ; je me ris des hasards de la naissance ; la noblesse ne m'éblouit pas, et je m'en moque comme de l'an quarante : je suis bien aise de vous l'apprendre.

LE MARQUIS (d'un ton de grande surprise).

Me trouveriez-vous du mérite, par hasard ?

POIRIER (d'un ton dédaigneux).

Non, Monsieur, je ne vous en trouve pas.

(Il va se rasseoir [1]).

LE MARQUIS (d'un ton curieux).

Non ! Ah ! Alors, pourquoi m'avez-vous donné votre fille ?

POIRIER) d'un ton embarrassé).

Pourquoi je vous ai donné...

LE MARQUIS (d'un ton insinuant).

Vous aviez donc une arrière-pensée ?

POIRIER (embarrassé et d'un ton hésitant).

Une arrière-pensée ?

(Le marquis se rassied [2].)

LE MARQUIS (d'un ton railleur).

Permettez ! Votre fille ne m'aimait pas quand vous m'avez attiré chez vous ; ce n'était pas mes dettes qui m'avaient valu l'honneur de votre choix ;

Du moins, je le suppose,

puisque ce n'est pas non plus mon titre, je suis obligé de croire que vous aviez une arrière-pensée.

---

1. Le marquis debout, la table, Poirier assis.
2. Le marquis assis, la table, Poirier.

POIRIER (d'un ton résolu).

Quand même, Monsieur!... quand j'aurais tâché de concilier mes intérêts | avec le bonheur de mon enfant? quel mal y verriez-vous?

J'ai bien le droit d'être exigeant.

Qui me reprochera, à moi | qui donne un million de ma poche, qui me reprochera de choisir un gendre | en état de me dédommager de mon sacrifice, quand d'ailleurs il est aimé de ma fille;

(D'un ton de justification).

j'ai pensé à elle d'abord, c'était mon devoir, à moi, ensuite, c'était mon droit.

LE MARQUIS (d'un ton approbatif et bienveillant).

Je ne conteste pas, monsieur Poirier, vous n'avez eu qu'un tort, c'est d'avoir manqué de confiance en moi.

POIRIER (d'un ton vexé).

C'est que vous n'êtes pas encourageant.

LE MARQUIS (d'un ton conciliant).

Me gardez-vous rancune de quelques plaisanteries? Je ne suis peut-être pas le plus respectueux des gendres, et je m'en accuse, mais dans les choses sérieuses je suis sérieux.

Je comprends parfaitement ce que vous dites et

Il est très juste que vous cherchiez en moi | l'appui que j'ai trouvé en vous.

POIRIER, à part (d'un ton joyeux et surpris).

Comprendrait-il la situation?

LE MARQUIS (d'un ton aimable et prévenant).

Voyons, cher beau-père, à quoi puis-je vous être bon? si tant est que je puisse être bon à quelque chose.

POIRIER (d'un ton insinuant).

Eh bien, j'avais rêvé que vous iriez aux Tuileries.

LE MARQUIS (d'un ton narquois).

Encore! c'est donc votre marotte de danser à la cour?

POIRIER (d'un ton de réfutation).

Il ne s'agit pas de danser. Faites-moi l'honneur de me prêter des idées moins frivoles. Je ne suis ni vain | ni futile.

LE MARQUIS (d'un ton curieux).

Qu'êtes-vous donc, ventre saint gris! expliquez-vous.

POIRIER (piteusement, d'un ton confus et humble).

Je suis ambitieux!

LE MARQUIS (d'un ton approbatif et encourageant).

On dirait que vous en rougissez; pourquoi donc? Avec l'expérience que vous avez acquise dans les affaires, vous pouvez prétendre à tout.

Car enfin il n'y a pas à le nier,

Le commerce est la véritable école des hommes d'État.

POIRIER (d'un ton ravi).

C'est ce que Verdelet me disait ce matin.

LE MARQUIS (d'un ton exalté):

C'est là qu'on puise cette hauteur de vues, cette élévation de sentiments, ce détachement des petits intérêts qui font les Richelieu et les Colbert.

POIRIER (d'un ton d'humilité).

Oh ! je ne prétends pas...

LE MARQUIS (du ton d'un homme qui cherche).

Mais qu'est-ce qui pourrait donc bien lui convenir, à ce bon monsieur Poirier ? Une préfecture ?

(Poirier fait un signe négatif de la tête).

Fi donc !

Le conseil d'État,

(Poirier fait le même signe).

Non !

Un poste diplomatique ? Ah ! justement l'ambassade de Constantinople est à prendre...

POIRIER (d'un ton embarrassé et humble).

J'ai des goûts sédentaires : je n'entends pas le turc.

LE MARQUIS (du ton d'un homme qui a trouvé).

Attendez,

(Lui frappant sur l'épaule). -

Je crois que la pairie vous irait comme un gant.

POIRIER (avec un sourire et un ton de fausse modestie).

Oh! croyez-vous?

LE MARQUIS (d'un ton embarrassé).

Mais, voilà le diable ! Vous ne faites partie d'aucune catégorie... vous n'êtes pas encore de l'Institut,

POIRIER (d'un ton malicieux).

Soyez donc tranquille ! je paierai, quand il le faudra, trois mille francs de contributions directes.

J'ai pris toutes mes précautions et

J'ai à la banque trois millions qui n'attendent qu'un mot de vous | pour s'abattre sur de bonnes terres.

LE MARQUIS (d'un ton malicieux et moqueur).

Ah ! Machiavel ! Sixte-Quint ! vous les roulerez tous !

POIRIER (d'un ton fin et le sourire aux lèvres).

Je crois que oui.

LE MARQUIS (d'un ton engageant).

Mais j'aime à penser que votre ambition ne s'arrête pas en si beau chemin ? il vous faut un titre.

POIRIER (d'un ton modeste).

Oh ! oh ! je ne tiens pas à ces hochets de la vanité : je suis, comme je vous le disais, un vieux libéral.

LE MARQUIS (d'un ton d'encouragement).

Raison de plus. Un libéral n'est tenu de mépriser que l'ancienne noblesse ; mais, la nouvelle, celle qui n'a pas d'aïeux...

POIRIER (d'un ton approbatif).

Celle qu'on ne doit qu'à soi-même !

LE MARQUIS (d'un ton affirmatif).

Vous serez Comte.

POIRIER (d'un ton humble).

Non. Il faut être raisonnable. Baron, seulement.

LE MARQUIS (d'un ton emphatique).

Le baron Poirier !.. cela sonne bien à l'oreille.

POIRIER (d'un ton de satisfaction).

Oui, le baron Poirier !...

LE MARQUIS (Il le regarde et part d'un éclat de rire. Puis il se lève et d'un ton narquois [1]).

Je vous demande pardon ; mais là, vrai ! c'est trop drôle ! Baron ! M. Poirier !... baron de Catillard !

POIRIER (à part et d'un ton vexé. Il se lève [2]).

Je suis joué !...

1. Le marquis debout, la table, Poirier assis.
2. Le marquis, Poirier, tous deux debout.

SCÈNE III

LE MARQUIS, LE DUC, POIRIER.

(Le duc vient de gauche et prend le milieu[1]).

LE MARQUIS (d'un ton gouailleur et hautain).

Arrive donc, Hector ! arrive donc ! Sais-tu pourquoi Jean Gaston de Presles a reçu trois coups d'arquebuse à la bataille d'Ivry ? sais-tu pourquoi François Gaston de Presles | est monté le premier à l'assaut de la Rochelle ? Pourquoi Louis Gaston de Presles | s'est fait sauter à la Hogue ? Pourquoi Philippe Gaston de Presles | a pris deux drapeaux à Fontenoy ? Pourquoi mon grand père est mort à Quiberon ?

Eh bien!

C'était pour que M. Poirier | fût un jour pair de France | ou baron.

LE DUC (d'un ton surpris).

Que veux-tu dire ?

LE MARQUIS (d'un ton explicatif).

Voilà le secret du petit assaut | qu'on m'a livré ce matin.

LE DUC (à part et d'un ton souriant).

Je comprends !

POIRIER (d'un ton de colère contenue).

Savez-vous, monsieur le duc, pourquoi j'ai

---

1. Le Marquis, le Duc, Poirier.

travaillé quatorze heures par jour | pendant trente ans ? pourquoi j'ai amassé, sou par sou, quatre millions, en me privant de tout ?

Eh bien! je vais vous le dire à mon tour.

C'est afin que monsieur le marquis Gaston de Presles qui n'est mort | ni à Quiberon, ni à Fontenoy, ni à la Hogue, ni ailleurs, puisse mourir de vieillesse | sur un lit de plume, après avoir passé sa vie

(Appuyez bien sur les derniers mots).

| à ne rien faire.

LE DUC (d'un ton approbatif et louangeur).

Bien répliqué, Monsieur !

LE MARQUIS (d'un ton ironique).

Voilà qui promet pour la tribune !

(E. Augier. *Le Gendre de M. Poirier* [1] acte III, scènes II et III.)

1. Calmann-Lévy, éditeur, 6, rue Scribe.

LE MALADE IMAGINAIRE

COMÉDIE EN TROIS ACTES

De J.-B.-P. MOLIÈRE

Argan est un très honnête bourgeois, mais qui a la manie de se croire malade et s'entoure de médecins, et d'apothicaires.

C'est en vain que son beau-frère Béralde et sa servante Toinette veulent lui persuader qu'il n'a pas besoin de tous ces gens-là, et qu'il se porte à merveille; ils ne parviennent pas à le convaincre. Toinette imagine alors un grand moyen pour guérir son maître : c'est de se déguiser elle-même en médecin et de lui donner une consultation qui doit le dégoûter à tout jamais de la médecine et de ceux qui pratiquent cet art.

ACTE III, SCÈNE VIII
TOINETTE, ARGAN, BÉRALDE [1]

(Elle vient de gauche).

TOINETTE (à Argan d'un ton empressé).

Monsieur, voilà un médecin qui demande à vous voir.

ARGAN (d'un ton surpris).

Et quel médecin ?

TOINETTE (d'un ton très naïf).

Un médecin de la Médecine.

ARGAN (d'un ton impatienté).

Je te demande qui il est ?

TOINETTE (d'un ton malicieux).

Je ne le connais pas, mais il me ressemble comme deux gouttes d'eau.

ARGAN (d'un de ton commandement).

Fais-le venir.

(Elle sort à gauche).

1. Toinette debout, Argan assis dans un fauteuil, Béralde debout.

SCÈNE IX

ARGAN (*assis*), BÉRALDE

BÉRALDE (d'un ton de satisfaction).

Vous êtes servi à souhait. Un médecin vous quitte, un autre se présente.

ARGAN (d'un ton désolé).

J'ai bien peur que vous ne soyez cause de quelque malheur.

BÉRALDE (d'un ton dépité).

Encore ! Vous en venez toujours là ?

ARGAN (d'un ton craintif).

Voyez-vous, j'ai sur le cœur toutes ces maladies-là, que je ne connais point... ces bradypepsie, ces dyspepsie, ces apepsie, etc..

SCÈNE XIV.

TOINETTE (*en médecin*), ARGAN *assis* [1], BÉRALDE *debout*.

TOINETTE (grossissant sa voix et d'un ton empesé).

Monsieur, agréez que je vienne vous rendre visite, et vous offrir mes petits services | pour

---

1. Toinette, Argan, Béralde. On peut faire jouer la scène par deux hommes et la commencer là.

toutes les saignées et les purgations dont vous aurez besoin.

ARGAN (d'un ton déférent).

Monsieur, je vous suis fort obligé.

(A Béralde d'un ton surpris).

Par ma foi, voilà Toinette elle-même.

BÉRALDE (d'un ton convaincu).

Il est vrai que la ressemblance est tout à fait grande.

ARGAN (d'un ton très étonné).

Pour moi, j'en suis surpris; et...

TOINETTE (d'un ton important).

Vous ne trouverez pas mauvais, s'il vous plaît, la curiosité que j'aie eue | de voir un illustre malade | comme vous êtes; et votre réputation, qui s'étend partout, peut excuser la liberté que j'ai prise.

ARGAN (d'un ton de remerciment).

Monsieur, je suis votre serviteur.

TOINETTE (d'un ton fin et moqueur).

Je vois, Monsieur, que vous me regardez fixement. Quel âge croyez-vous bien que j'aie?

ARGAN (du ton de quelqu'un qui cherche).

Je crois que tout au plus | vous pouvez avoir vingt-six ou vingt-sept ans.

TOINETTE (en riant d'un ton dégagé).

Ha, ha, ha, ha, J'en ai quatre-vingt-dix.

ARGAN (d'un ton d'ébahissement).

Quatre-vingt-dix !

TOINETTE (d'un ton de grande suffisance).

Oui. Vous voyez un effet des secrets de mon art, de me conserver ainsi frais et vigoureux.

ARGAN (d'un ton d'admiration).

Par ma foi, voilà un beau jeune vieillard | pour quatre-vingt-dix ans !

TOINETTE (d'un ton très important).

Je suis médecin passager, qui vais de ville en ville, de province en province, de royaume en royaume, pour chercher d'illustres matières à ma capacité, pour trouver des maladies dignes de m'occuper, capables d'exercer les grands et beaux secrets | que j'ai trouvés dans la médecine.

(D'un ton méprisant).

Je dédaigne de m'amuser à ce menu fatras de maladies ordinaires, à ces bagatelles de rhumatismes | et de fluxions, à ces fiévrotes, à ces vapeurs et à ces migraines.

(Avec un ton chaleureux et enthousiaste).

Je veux des maladies d'importance, de bonnes fièvres continues, avec des transports au cerveau, de bonnes fièvres pourprées, de bonnes pestes, de bonnes hydropisies formées, de bonnes pleurésies avec des inflammations de poitrine :

(Avec un ton de contentement).

C'est là que je me plais, c'est là que je triomphe ;

(Avec un ton de conviction et de sincérité).

et je voudrais, Monsieur, que vous eussiez toutes les maladies que je viens de dire, que vous fussiez abandonné de tous les médecins, désespéré, à l'agonie, pour vous montrer l'excellence de mes remèdes,

(D'un ton très affable).

et l'envie que j'aurais de vous rendre service.

ARGAN (d'un ton confus).

Je vous suis obligé, Monsieur, des bontés que vous avez pour moi.

TOINETTE (d'un ton doctoral).

Donnez-moi votre pouls. Allons donc, que l'on batte comme il faut.

(Elle lui a pris le poignet et le secoue violemment).

Ah ! je vous ferai bien aller comme vous devez,

(Le secouant un peu plus fort).

Ouais ! ce pouls-là fait l'impertinent ; je vois bien que vous ne me connaissez pas encore.

(D'un ton important).

Qui est votre médecin ?

ARGAN (d'un ton hésitant).

Monsieur Purgon.

TOINETTE (d'un ton méprisant).

Cet homme-là | n'est point écrit sur mes tablettes entre les grands médecins. De quoi dit-il que vous êtes malade ?

ARGAN (d'un ton explicatif).

Il dit que c'est du foie, et d'autres disent que c'est de la rate.

TOINETTE (d'un ton de réprobation).

Ce sont tous des ignorants.

(D'un ton très affirmatif.)

C'est du poumon que vous êtes malade.

ARGAN (d'un ton d'étonnement).

Du poumon ?

TOINETTE (d'un ton très affirmatif).

Oui. Que sentez-vous ?

ARGAN (d'un ton très simple).

Je sens de temps en temps des douleurs de tête.

TOINETTE (d'un ton d'autorité).

Justement, le poumon.

ARGAN (d'un ton explicatif).

Il me semble parfois que j'ai un voile devant les yeux.

TOINETTE (d'un ton de certitude).

Le poumon.

ARGAN (d'un ton explicatif).

J'ai quelquefois des maux de cœur.

TOINETTE (d'un ton d'assurance).

Le poumon.

ARGAN (d'un ton explicatif).

Je sens parfois des lassitudes dans tous les membres.

TOINETTE (d'un ton très décidé).

Le poumon.

ARGAN (d'un ton explicatif).

Et quelquefois il me prend des douleurs dans le ventre, comme si c'étaient des coliques.

TOINETTE (d'un ton de grande conviction).

Le poumon. Vous avez appétit à ce que vous mangez?

ARGAN (d'un ton à la fois surpris et affirmatif).

Oui, Monsieur.

TOINETTE (d'un ton de certitude).

Le poumon. Vous aimez à boire un peu de vin?

ARGAN (même ton que précédemment).

Oui, Monsieur.

TOINETTE (même ton que ci-dessus).

Le poumon. Il vous prend un petit sommeil après le repas, et vous êtes bien aise de dormir ?

ARGAN (même ton que précédemment, mais plus élevé).

Oui, Monsieur.

TOINETTE (même ton que ci-dessus, mais plus élevé).

Le poumon, le poumon, vous dis-je.

(D'un ton curieux et important).

Que vous ordonne votre médecin, pour votre nourriture ?

ARGAN (d'un ton naïf).

Il m'ordonne du potage,

TOINETTE (d'un ton méprisant).

Ignorant !

ARGAN (même ton que ci-dessus).

De la volaille,

TOINETTE (même ton que ci-dessus, mais plus élevé).

Ignorant !

ARGAN (même ton que ci-dessus).

Du veau,

TOINETTE (même ton que ci-dessus, mais plus élevé).

ignorant !

ARGAN (même ton que ci-dessus).

Des bouillons,

TOINETTE (même ton que ci-dessus, mais plus bas).

Ignorant !

ARGAN (toujours même ton).

Des œufs frais,

TOINETTE (même ton, mais très ironique).

Ignorant !

ARGAN (d'un ton très naïf).

Et le soir, de petits pruneaux pour lâcher le ventre,

TOINETTE (d'un ton irrité).

Ignorant.

ARGAN (même ton que ci-dessus).

Et, surtout, de boire mon vin fort trempé.

TOINÈTTE (d'un ton dédaigneux et pédant).

Ignorantus, ignoranta, ignorantum.

(D'un ton de commandement).

Il faut boire votre vin pur ; et, pour épaissir votre sang, qui est trop subtil, il faut manger de bon gros bœuf, de bon gros porc, de bon fromage de Hollande ; du gruau et du riz, et des marrons et des oublis, pour coller et conglutiner.

(D'un ton dédaigneux).

Votre médecin est une bête. Je veux vous en envoyer un de ma main ; et je viendrai vous voir de temps en temps, tandis que je serai en cette ville.

ARGAN (d'un ton de remerciment).

Vous m'obligerez beaucoup.

TOINETTE (d'un ton brusque et lui prenant le bras).

Que diantre faites-vous de ce bras-là ?

ARGAN (d'un ton très surpris).

Comment ?

TOINETTE (d'un ton très simple).

Voilà un bras que je me ferais couper tout à l'heure, si j'étais que de vous.

ARGAN (d'un ton craintif).

Et pourquoi ?

TOINETTE (d'un ton doctoral).

Ne voyez-vous pas qu'il tire à soi toute la nourriture, et qu'il empêche ce côté-là de profiter.

ARGAN (d'un ton de refus et retirant son bras).

Oui ; mais j'ai besoin de mon bras.

TOINETTE (d'un ton brusque et fixant ARGAN).

Vous avez-là aussi un œil droit | que je me ferais crever, si j'étais en votre place.

2

ARGAN (d'un ton très effrayé).

Crever un œil ?

TOINETTE (d'un ton doctoral).

Ne voyez-vous pas qu'il incommode l'autre et lui dérobe sa nourriture ?

(D'un ton décidé.)

Croyez-moi, faites-vous-le crever au plus tôt : vous en verrez plus clair de l'œil gauche.

ARGAN (d'un ton de refus).

Cela n'est pas pressé.

TOINETTE (d'un ton très important).

Adieu. Je suis fâché de vous quitter sitôt ; mais il faut que je me trouve à une grande consultation qui se doit faire | pour un homme qui mourut hier.

ARGAN (d'un ton surpris).

Pour un homme qui mourut hier ?

TOINETTE (d'un ton simple et convaincu).

Oui : pour aviser | et voir ce qu'il aurait fallu lui faire pour le guérir.

Jusqu'au revoir.

ARGAN (d'un ton d'excuse).

Vous savez que les malades ne reconduisent point (¹).

(Toinette sort à gauche).

1. Quand on joue la scène avec deux hommes, on arrête là.

SCÈNE XV
ARGAN, BÉRALDE

BÉRALDE (d'un ton de recommandation [1]).

Voilà un médecin, vraiment, qui paraît fort habile !

ARGAN (se levant et d'un ton hésitant et craintif).

Oui, mais il va un peu bien vite.

BÉRALDE (d'un ton d'assurance).

Tous les grands médecins sont comme cela.

ARGAN (d'un ton mécontent).

Me couper un bras et me crever un œil, afin que l'autre se porte mieux ! J'aime bien mieux qu'il ne se porte pas si bien.

(D'un ton ironique.)

La belle opération de me rendre borgne | et manchot !

2. Argan, Béralde.

PIERROT POSTHUME [1]

COMÉDIE EN UN ACTE

Je ne connais rien de plus charmant que ce pastiche de la comédie italienne : *Pierrot Posthume*, écrit avec tant d'esprit et de verve par Th. Gauthier.

Les deux monologues de Pierrot peuvent se réunir et forment ainsi un récit plaisant et une fine satire de l'égoïsme.

Comme je me regrette! comme je me manque!
Combien de gens pensent cela tous les jours sans s'en rendre bien compte, et ne déplorent réellement que les malheurs qui leur font du tort, que les chagrins qui leur causent de la gêne et de l'embarras.

On dira ce double monologue avec une grande naïveté, un ton doux et mélancolique.

On mettra en relief les mots comiques et les traits satiriques, mais avec beaucoup de tact et de légèreté.

PIERROT (entrant doucement sur la pointe des pieds, regarde de tous côtés et fait de petits cris de plaisir) (d'un ton ému).

Mouillez-vous, ô mes yeux! et toi, lèvre attendrie,
Baise, sur le pavé, le sol de la patrie !

[1]. CHARPENTIER, éditeur. (Théâtre de Th. Gauthier.)

(Avec un soupir de bonheur).

Aspirez, mes poumons, l'air du natal ruisseau !

(D'un ton très aimable).

Bonjour, Paris !... Salut, rue où fut mon berceau !...

(Se tournant vers le cabaret et d'un ton allègre).

Le cabaret encore rit et jase à son angle ;

(Avec une émotion comique).

A ce cher souvenir l'émotion m'étrangle ;

(Faites discrètement le mouvement indiqué).

Mon nez qui se dilate | aspire avec douceur
Les parfums | que répand l'étal du rôtisseur ;
Rien n'est changé...

(Avec un ton d'étonnement joyeux).

              Voici la maison de ma femme,

(D'un ton de commisération).

Pauvre femme !... J'ai dû faire un vide en son âme !

(D'un ton naïf).

Ah! que voulez-vous ?

Il le fallait ; j'ai fui... Je ne sais pas pourquoi
La justice | s'était prise d'un goût pour moi ;

Comprenez-vous cela ?

Elle s'inquiétait de mes chants à la lune,
De mes moyens de vivre et de chercher fortune ;

Je ne pouvais tolérer cette manière d'agir.

Pour lui faire sentir son indiscrétion,
Je rompis, un beau jour, la conversation ;

(Détachez bien l'incidente).

Et j'allai, n'aimant pas qu'en route on m'accompagne,
Errer incognito sur les côtes d'Espagne

(D'un ton de satisfaction).

Où je fis connaissance avec d'honnêtes gens,
Très peu questionneurs et très intelligents.

Ah! que nous étions heureux!

Nous menions, sur la mer, une charmante vie,

(D'un ton vif et fâché).

Quand notre barque | fut aperçue | et suivie —
Par un corsaire turc plus fin voilier que nous,

(Avec un ton de fierté).

Mes braves compagnons se firent hacher tous !

(Avec mystère et en détaillant finement.)

Comme il faisait très chaud, moi, de crainte du hâle
J'étais allé chercher de l'ombre à fond de cale ;

(D'un ton brusque et vif).

Mais bientôt, de mon coin brutalement extrait,

(Avec un ton d'effroi).

Je sentis à mon col un nœud qui le serrait.

Qu'allait-il se passer ?

  Ma pose horizontale | en perpendiculaire
Se changea.

(D'un ton mélancolique).

       J'aperçus, dans l'onde bleue et claire,
Un reflet s'agiter | et s'allonger en *i*,

(D'un ton désespéré).

Je fis un entrechat, et couac.... tout fut fini !
Quel moment !...

(D'un ton plus gai.)

Mais le ciel, | dans sa miséricorde,
Voulut que l'on coupât un peu trop tôt la corde,

Alors,

Je tombai dans la mer, et, des vagues poussé,
Par des pêcheurs | je fus, près du bord, ramassé.

(Avec un ton joyeux).

C'est jouer de bonheur !

(D'un ton inquiet).

Pourtant cette aventure
Me donne, dans le monde, une étrange posture ;

Je ne sais plus ce que je suis,

Et c'est une apostrophe à rester confondu,
Si quelqu'un me disait :

(D'un ton de stupéfaction).

Voyez Pierrot pendu !

. . . .

(Avec un ton triste et lent).

Je suis mort !... Arlequin disait la vérité.

Il faut convenir que

La pendaison n'est pas bonne pour la santé ;

(Avec un ton d'étonnement).

Je m'explique à présent pourquoi j'ai le teint blême.

(D'un ton affligé et comique).

Pauvre Pierrot, allons, conduis ton deuil toi-même.

Tu n'as plus que cela à faire

Mets un crêpe à ton bras, arrose-toi de pleurs,
Prononce le discours, et jette-toi des fleurs ;
Orne ton monument d'un *ci-gît* autographe,
Et, poète posthume, écris ton épitaphe,

(Du ton d'un homme qui cherche.)

Qu'y mettrai-je ?... Voyons...

(D'un ton grave et solennel).

« Ici dort étendu... »

(Très naïvement et avec un ton de restriction).

Non... ce mot fait venir la rime de pendu...
Couché vaut mieux...

(Reprenez le ton grave et solennel).

« Pierrot... il ne fit rien qui vai
Et vécut sans remords en parfaite canaille ! »

Il n'y a pas à le nier,

C'est plus original que bon fils, bon époux,
Bon père, *et cœtera*, comme les morts sont tous.

(Reprenez le ton mélancolique).

Fais ta nécrologie et l'envoie aux gazettes,

(Détachez la phrase suivante d'un ton naïf).

Ces choses sont toujours par soi-même mieux faites.

(Avec un ton de regret).

Quel ami je m'enlève, et quel bon compagnon
Content de mon bonheur, triste de mon guignon !

(Très ému et pleurant presque).

Comme je me regrette, et comme je me manque !
La douleur me pâlit, la tristesse m'efflanque,
En songeant qu'allongé dans le fond d'un trou
[noir,
Je ne jouirai plus du bonheur de me voir.

(Avec la voix entrecoupée de soupirs et de sanglots).

Quel coup ! moi qui m'étais si dévoué, si tendre,
Si plein d'attentions, si prompt à me comprendre !

(Avec un ton convaincu).

Aussi, reconnaissant de mes bontés pour moi,
Je me ferai le chien de mon propre convoi ;

(Avec des larmes dans la voix).

Et j'irai, me couchant sur ma tombe déserte,
Mourir une autre fois du chagrin de ma perte.

(Th. Gauthier, *Pierrot Posthume* [1]).

[1] Théâtre de Th. Gauthier. Charpentier, éditeur.

DON JUAN

COMÉDIE EN CINQ ACTES

De J.-B.-P. MOLIÈRE

Molière a peint dans le personnage de *Don Juan* le gentilhomme libertin et désordonné qui ne cherche que le plaisir, et déshonore par ses vices et ses débauches le nom qu'il porte et la famille dont il est né.

Il nous le montre insolent envers ses domestiques, se moquant de ses fournisseurs et oubliant jusqu'au respect qu'il doit à son père, dont le grand auteur comique a fait le type du vrai grand seigneur, digne de son rang et de sa naissance.

ACTE IV, SCÈNE II
LA VIOLETTE, SGANARELLE, DON JUAN[1]

LA VIOLETTE (d'un ton inquiet).

Monsieur, voilà votre marchand, M. Dimanche, qui demande à vous parler.

1. La Violette venant de gauche, Sganarelle, Don Juan au fond.

SGANARELLE (d'un ton mécontent).

Bon. Voilà ce qu'il nous faut, qu'un compliment de créancier.

De quoi s'avise-t-il de venir nous demander de l'argent ; et que ne lui disais-tu que Monsieur n'y est pas ?

LA VIOLETTE (d'un ton bourru).

Il y a trois quarts d'heure que je le lui dis ; mais il ne veut pas le croire, il s'est assis là-dedans pour attendre.

SGANARELLE (d'un ton dégagé).

Qu'il attende t ant qu'il voudra.

DON JUAN (descendant au milieu et d'un ton d'autorité [1].)

Non, au contraire, faites-le entrer.

(La Violette sort à gauche, Don Juan, se tournant vers Sganarelle et d'un ton narquois).

C'est une fort mauvaise politique que de se faire céler aux créanciers. Il est bon de les payer de quelque chose ; et j'ai le secret de les renvoyer satisfaits | sans leur donner un double.

(M. Dimanche vient de gauche et Don Juan d'un ton joyeux et affectueux [2]).

Ah ! monsieur Dimanche, approchez. Que je suis ravi de vous voir, et que je veux du mal à mes gens | de ne vous pas faire entrer d'abord ! J'avais donné ordre qu'on ne me fît parler à personne ;

1. La Violette, Don Juan, Sganarelle.
2. (On peut faire commencer la scène ici seulement.)

mais cet ordre n'est pas pour vous, et vous êtes en droit de ne trouver jamais de porte fermée chez moi.

M. DIMANCHE (d'un ton très humble).

Monsieur, je vous suis fort obligé.

DON JUAN (d'un ton colère). (Parlant à La Violette et à Ragotin).

Parbleu ! coquins, je vous apprendrai à laisser M. Dimanche dans une antichambre, et je vous ferai connaître les gens !

M. DIMANCHE (d'un ton de conciliation).

Monsieur, cela n'est rien.

DON JUAN (d'un ton indigné).

Comment ? vous dire que je n'y suis pas, à M. Dimanche, au meilleur de mes amis !

M. DIMANCHE (d'un ton respectueux).

Monsieur, je suis votre serviteur. J'étais venu...

DON JUAN (d'un ton empressé).

Allons, vite un siège pour M. Dimanche.

(La Violette approche un pliant).

M. DIMANCHE (d'un ton de modestie).

Monsieur, je suis bien comme cela.

DON JUAN (d'un ton de réfutation).

Point, point; je veux que vous soyez assis contre moi.

M. DIMANCHE (d'un ton confus).

Cela n'est point nécessaire.

DON JUAN (d'un ton de commandement).

Otez ce pliant et apportez un fauteuil.

(La Violette approche un fauteuil près de celui de Don Juan).

M. DIMANCHE (d'un ton humble).

Monsieur, vous vous moquez, et...

DON JUAN (d'un ton de réfutation plus accentué).

Non, non, je sais ce que je vous dois, et je ne veux point qu'on mette de différence entre nous deux.

M. DIMANCHE (d'un ton de déférence).

Monsieur.....

DON JUAN (d'un ton de sollicitude).

Allons, asseyez-vous.

M. DIMANCHE (d'un ton de refus).

Il n'est pas besoin, Monsieur, et je n'ai qu'un mot à vous dire. J'étais...

DON JUAN (d'un ton d'insistance).

Mettez-vous là, vous dis-je.

M. DIMANCHE (d'un ton de refus plus accusé).

Non, Monsieur, je suis bien. Je viens pour...

DON JUAN (d'un ton très ferme et très décidé).

Non, je ne vous écoute point si vous n'êtes assis.

M. DIMANCHE (d'un ton de soumission).

Monsieur, je fais ce que vous voulez.

(S'asseyant).

Je...

DON JUAN (d'un ton vif et allègre).

Parbleu! M. Dimanche, vous vous portez bien?

M. DIMANCHE (d'un ton approbatif).

Oui, Monsieur, pour vous rendre service. Je suis venu...

DON JUAN (d'un ton de félicitation).

Vous avez un fonds de santé admirable, des lèvres fraîches, un teint vermeil et des yeux vifs.

M. DIMANCHE (d'un ton humble).

Je voudrais bien...

DON JUAN (d'un ton de vive sollicitude).

Comment se porte madame Dimanche, votre épouse?

M. DIMANCHE (d'un ton de remerciment).

Fort bien, Monsieur, Dieu merci.

DON JUAN (d'un ton bienveillant).

C'est une brave femme.

M. DIMANCHE (d'un ton de respectueuse déférence).

Elle est votre servante, Monsieur. Je venais...

1. M. Dimanche assis, Don Juan assis, Sganarelle debout.

DON JUAN (d'un ton de curiosité).

Et votre petite fille Claudine, comment se porte-t-elle?

M. DIMANCHE (d'un ton gai).

Le mieux du monde.

DON JUAN (d'un ton flatteur et aimable).

La jolie petite fille que c'est! Je l'aime de tout mon cœur.

M. DIMANCHE (d'un ton de grand respect).

C'est trop d'honneur que vous lui faites, Monsieur. Je vous...

DON JUAN (d'un ton vif et joyeux).

Et le petit Colin, fait-il toujours bien du bruit avec son tambour?

M. DIMANCHE (d'un ton gai et approbatif).

Toujours de même, Monsieur, je...

DON JUAN (d'un ton bonasse et moqueur).

Et votre petit chien Brusquet, gronde-t-il toujours aussi fort, et mord-il toujours bien aux jambes les gens qui vont chez vous?

M. DIMANCHE (d'un ton de regret).

Plus que jamais, Monsieur, et nous ne saurions en chevir [1].

---

1. Chevir, archaïsme : nous ne saurions en venir à bout.

DON JUAN (d'un ton gracieux et empressé).

Ne vous étonnez pas si je m'informe des nouvelles de toute la famille ; car j'y prends beaucoup d'intérêt.

M. DIMANCHE (d'un ton de gratitude).

Nous vous sommes, Monsieur, infiniment obligés. Je...

DON JUAN (lui tendant la main et d'un ton amical).

Touchez donc là, M. Dimanche. Êtes-vous bien de mes amis ?

M. DIMANCHE (d'un ton confus).

Monsieur, je suis votre serviteur.

DON JUAN (d'un ton de bonne humeur).

Parbleu ! je suis à vous de tout mon cœur.

M. DIMANCHE (d'un ton d'humilité).

Vous m'honorez trop. Je...

DON JUAN (d'un ton de bonne amitié).

Il n'y a rien que je ne fisse pour vous.

M. DIMANCHE (d'un ton de plus en plus humble).

Monsieur, vous avez trop de bonté pour moi.

DON JUAN (d'un ton affectueux).

Et cela sans intérêt, je vous prie de le croire.

M. DIMANCHE (d'un ton très reconnaissant).

Je n'ai point mérité cette grâce, assurément. Mais, monsieur...

DON JUAN (Se levant et d'un ton simple et bon enfant [1]).

Oh! ça, M. Dimanche, sans façon, voulez-vous souper avec moi?

M. DIMANCHE (se levant et d'un ton de refus [2]).

Non, Monsieur, il faut que je m'en retourne tout à l'heure. Je...

DON JUAN (d'un ton vif et autoritaire).

Allons, vite un flambeau | pour conduire M. Dimanche, et que quatre ou cinq de mes gens | prennent des mousquetons pour l'escorter.

M. DIMANCHE (d'un ton de refus).

Monsieur, il n'est pas nécessaire, et je m'en irai bien tout seul. Mais...

(Sganarelle ôte les sièges promptement [3]). DON JUAN (d'un ton d'autorité).

Comment! Je veux qu'on vous escorte, et je m'intéresse trop à votre personne. Je suis votre serviteur, et de plus, votre débiteur.

M. DIMANCHE (d'un ton confus).

Ah! monsieur!...

DON JUAN (d'un ton de franchise).

C'est une chose que je ne cache pas et je le dis à tout le monde.

1. M. Dimanche assis, Don Juan debout, Sganarelle.
2. M. Dimanche et Don Juan debout, Sganarelle.
3. Sganarelle au fond, M. Dimanche, Don Juan.

M. DIMANCHE (d'un ton d'insistance).

Si...

DON JUAN (d'un ton très amical).

Voulez-vous que je vous reconduise ?

M. DIMANCHE (d'un ton d'extrême confusion).

Ah ! monsieur, vous vous moquez ! Monsieur...

DON JUAN (se jetant dans les bras de Dimanche et d'un ton affectueux).

Embrassez-moi donc, s'il vous plaît. Je vous prie encore une fois d'être persuadé que je suis tout à vous, et qu'il n'y a rien au monde que je ne fisse pour votre service.

(Il sort vivement par la droite).

SCÈNE IV
SGANARELLE, M. DIMANCHE

SGANARELLE (d'un ton bonhomme et convaincu [1]).

Il faut avouer que vous avez en monsieur | un homme qui vous aime bien.

M. DIMANCHE (d'un ton embarrassé et naïf).

Il est vrai ; il me fait tant de civilités et tant de compliments, que je ne saurais jamais lui demander de l'argent.

SGANARELLE (d'un ton très affirmatif).

Je vous assure que toute sa maison périrait pour

---

1. Sganarelle, M. Dimanche.

vous, et je voudrais qu'il vous arrivât quelque chose, que quelqu'un s'avisât de vous donner des coups de bâton, vous verriez de quelle manière...

M. DIMANCHE (d'un ton confiant).

Je le crois ; mais, Sganarelle, je vous prie de lui dire un petit mot de mon argent.

SGANARELLE (d'un ton dédaigneux).

Oh ! ne vous mettez pas en peine, il vous payera le mieux du monde.

M. DIMANCHE (d'un ton insinuant).

Mais vous, Sganarelle, vous me devez quelque chose en votre particulier.

SGANARELLE (d'un ton négligent).

Fi ! ne me parlez pas de cela.

M. DIMANCHE (d'un ton de surprise).

Comment ? Je...

SGANARELLE (d'un ton d'effronterie).

Ne sais-je pas bien que je vous dois ?

M. DIMANCHE (d'un ton embarrassé).

Oui. Mais...

SGANARELLE (d'un ton empressé).

Allons, M. Dimanche, je vais vous éclairer.

(Il remonte pour chercher un flambeau.)

M. DIMANCHE (d'un ton de réclamation et suivant Sganarelle).

Mais mon argent.

SGANARELLE (prenant M. Dimanche par le bras et d'un ton narquois).

Vous moquez-vous ?

M. DIMANCHE (d'un ton d'insistance).

Je veux...

SGANARELLE (d'un ton méprisant et poussant M. Dimanche vers la porte).

Eh !

M. DIMANCHE d'un ton plus ferme).

J'entends...

SGANARELLE (le poussant toujours vers la porte et d'un ton gouailleur).

Bagatelles !

M. DIMANCHE (d'un ton très décidé).

Mais...

SGANARELLE (le poussant encore d'un ton de reproche).

Fi !

M. DIMANCHE (d'un ton colère).

Je...

SGANARELLE (le poussant tout à fait hors du théâtre et d'un ton de mépris).

Fi ! vous dis-je.

SCÈNE VI

DON LOUIS, DON JUAN, SGANARELLE.

LA VIOLETTE [1] (d'un ton vif à Don Juan).

Monsieur, voilà monsieur votre père.

DON JUAN (revenant de droite et d'un ton de contrariété).

Ah! me voici bien! il me fallait cette visite | pour me faire enrager.

DON LOUIS (venant de gauche et d'un ton sérieux et grave [2]).

Je vois bien que je vous embarrasse, et que vous vous passeriez fort aisément de ma venue.

(D'un ton sévère).

A dire vrai, nous nous incommodons étrangement l'un l'autre, et si vous êtes las de me voir, je suis bien las aussi de vos déportements.

(Avec un ton regret).

Hélas! que nous savons peu ce que nous faisons | quand nous ne laissons pas au ciel | le soin des choses qu'il nous faut, quand nous voulons être plus avisés que lui, et que nous venons à l'importuner par nos souhaits aveugles | et nos demandes inconsidérées!

---

1. On peut faire dire cette réplique par Sganarelle quand on joue ces scènes à trois.
2. Don Louis, Don Juan, Sganarelle au fond.

Qui pourrait jamais le croire !

J'ai souhaité un fils | avec des ardeurs non pareilles ; je l'ai demandé sans relâche | avec des transports incroyables ;

Avec un ton de profonde tristesse).

Et ce fils, que j'obtiens en fatiguant le ciel de vœux, est le chagrin et le supplice de cette vie même | dont je croyais qu'il devait être la joie et la consolation.

(Avec un ton de reproche).

De quel œil, à votre avis, pensez-vous que je puisse voir cet amas d'actions indignes, dont on a peine, aux yeux du monde, d'adoucir le mauvais visage ;

Et ce qui est plus grave encore,

cette suite continuelle de méchantes affaires, qui nous réduisent à toute heure | à lasser la bonté du souverain, et qui ont épuisé auprès de lui | le mérite de mes services | et le crédit de mes amis ?

(D'un ton de vif mépris).

Ah ! quelle bassesse est la vôtre ! Ne rougissez-vous point de mériter si peu votre naissance ? Êtes-vous en droit, dites-moi, d'en tirer quelque vanité, et qu'avez-vous fait dans le monde | pour être gentilhomme ?

(D'un ton de fierté et bien interrogatif).

Croyez-vous qu'il suffise d'en porter le nom et les armes, et que ce nous soit une gloire d'être sortis d'un sang noble, lorsque nous vivons en infâmes ?

(D'un ton très affirmatif).

Non, non, la naissance n'est rien | où la vertu n'est pas.

Aussi nous n'avons part à la gloire de nos ancêtres | qu'autant que nous nous efforçons de leur ressembler ; et cet éclat de leurs actions | qu'ils répandent sur nous | nous impose un engagement de leur faire le même honneur, de suivre les pas qu'ils nous tracent | et de ne point dégénérer de leur vertu, si nous voulons être estimés leur véritables descendants.

(Avec un ton sévère et digne).

Ainsi, vous descendez en vain des aïeux dont vous êtes né, ils vous désavouent pour leur sang, et tout ce qu'ils ont fait d'illustre | ne vous donne aucun avantage ; au contraire,

Sachez bien que

l'éclat n'en rejaillit sur vous | qu'à votre déshonneur, et leur gloire est un flambeau | qui éclaire aux yeux d'un chacun | la honte de vos actions.

(D'un ton d'autorité).

Apprenez enfin qu'un gentilhomme qui vit mal |

est un monstre dans la nature; que la vertu | est le premier titre de noblesse ; que je regarde bien moins au nom qu'on signe | qu'aux actions qu'on fait, et que je ferais plus d'état du fils d'un crocheteur | qui serait honnête homme, que du fils d'un monarque | qui vivrait comme vous.

DON JUAN (d'un ton froid et déférent).

Monsieur, si vous étiez assis, vous en seriez mieux pour parler.

DON LOUIS (d'un ton de colère concentrée).

Non, insolent, je ne veux point m'asseoir, ni parler davantage, et je vois bien que toutes mes paroles | ne font rien sur ton âme ;

(D'un ton de menace).

mais sache, fils indigne, que la tendresse paternelle est poussée à bout par tes actions; que je saurai plus tôt que tu ne penses, mettre une borne à tes dérèglements, prévenir sur toi le courroux du ciel, et laver, par ta punition, la honte de t'avoir fait naître.

Don Juan,
J. B. P. Molière

RUY BLAS

DRAME EN CINQ ACTES

Dans ce beau drame de Victor Hugo le quatrième acte est une véritable comédie. Le monologue de Don César et la scène qui suit sont pleins de gaîté et d'entrain.

Cette scène, qui se passe entre un laquais et Don César, peut fort bien se détacher et c'est pourquoi nous la donnons dans ce recueil.

Il faut la dire avec beaucoup de vivacité et de bonne humeur, marquer par des jeux de physionomie la stupéfaction de Don César et détailler avec soin la scène d'ivresse.

ACTE IV, SCÈNE III
DON CÉSAR, UN LAQUAIS [1]

DON CÉSAR (toisant le laquais de la tête aux pieds et d'un ton arrogant).

Qui venez-vous chercher céans, l'ami?

(A part et d'un ton rusé).

Il faut beaucoup d'aplomb, le péril est extrême.

LE LAQUAIS (d'un ton simple et répondant à la question).

Don César de Bazan?

---

[1]. Le laquais vient du fond, Don César, un laquais.

DON CÉSAR (dégageant son visage du manteau et d'un ton vif).

　　　　　Don César ! c'est moi-même !

(A part, d'un ton surpris).

Voilà du merveilleux !

　　　　LE LAQUAIS (d'un ton bien interrogatif).

　　　　　Vous êtes le seigneur —
Don César de Bazan ?

　　　　　DON CÉSAR (d'un ton assuré).

　　　　　Pardieu ! j'ai cet honneur.
César ! le vrai César ! le seul César ! le comte
De Garo...

　　LE LAQUAIS (posant sur le fauteuil sa sacoche et d'un ton humble).

　　Daignez voir si c'est là votre compte.

　　　DON CÉSAR (comme ébloui, à part, d'un ton de stupéfaction).

De l'argent ! c'est trop fort !

　　　　　(Haut et d'un ton dégagé).

　　　　　Mon cher...

　　　　LE LAQUAIS (d'un ton respectueux).

　　　　　　　Daignez compter :
C'est la somme | que j'ai l'ordre de vous porter.

　　　　DON CÉSAR (gravement et d'un ton satisfait).

Ah ! fort bien ! je comprends.

　　　　　A part et d'un ton ahuri).

　　　　Je veux bien que le diable...

(D'un ton joyeux.)

Ça ne dérangeons pas cette histoire admirable.
Ceci vient fort à point.

(Haut et d'un ton dégagé).
Vous faut-il des reçus ?

LE LAQUAIS (d'un ton de refus).

Non, Monseigneur.

DON CESAR (lui montrant la table, d'un ton de commandement).
Mettez cet argent là-dessus.

(D'un ton curieux).

De quelle part ?

LE LAQUAIS (posant l'argent sur la table à droite et d'un ton entendu).
Monsieur le sait bien.

DON CÉSAR (d'un ton suffisant).
Sans nul doute :
Mais.....

LE LAQUAIS (d'un ton explicatif).

Cet argent, — voilà ce qu'il faut que j'ajoute,
— Vient de qui vous savez | pour ce que vous
[savez.

DON CÉSAR (satisfait de l'explication et du ton d'un homme qui est au fait).

Ah !

LE LAQUAIS (d'un ton mystérieux).

Nous devons, tous deux, être fort réservés.
Chut !

(Il met un doigt sur la bouche, Don César fait de même).

DON CÉSAR (du ton d'un homme qui cherche à comprendre).

Chut !!! — Cet argent vient... — La phrase est
[magnifique !
Redites-là moi donc.

LE LAQUAIS (du ton d'un homme qui explique).

Cet argent...

DON CÉSAR (d'un ton satisfait et gouailleur).

Tout s'explique !
Me vient de qui je sais...

LE LAQUAIS (appuyant sur chaque mot).

Pour ce que vous savez.
(D'un ton mystérieux).
Nous devons...

DON CÉSAR (même ton que le laquais).

Tous les deux !!!

LE LAQUAIS (sur le même ton et à mi-voix).

Être fort réservés.

DON CÉSAR (d'un ton approbatif).

C'est parfaitement clair.

LE LAQUAIS (d'un ton naïf).

Moi j'obéis. Du reste, —
Je ne comprends pas.

DON CÉSAR (d'un ton surpris).

Bah !

LE LAQUAIS (d'un ton fin).

Mais vous comprenez !

DON CÉSAR (d'un ton d'assurance).

Peste !

LE LAQUAIS (d'un ton naïf).

Il suffit.

DON CÉSAR (d'un ton très affirmatif).

Je comprends | et je prends, mon très cher.

(D'un ton un peu sentencieux).

De l'argent qu'on reçoit, d'abord, c'est toujours clair.

LE LAQUAIS (d'un ton mystérieux).

Chut !

DON CÉSAR (d'un ton de recommandation).

Chut !!! ne faisons pas d'indiscrétion. Diantre !

LE LAQUAIS (lui montrant le sac et d'un ton simple).

Comptez, seigneur !

DON CÉSAR (d'un ton dédaigneux).

Pour qui me prends-tu ?

(Admirant la rondeur du sac posé sur la table et d'un ton de convoitise).

Le beau ventre !

(Don César va à la table).

LE LAQUAIS (insistant [1]).

Mais...

DON CÉSAR (d'un ton bienveillant).

Je me fie à toi.

LE LAQUAIS (d'un ton explicatif).

L'or est en souverains,

Bons quadruples | pesant sept gros | trente-six grains,
Ou bons doublons au marc. L'argent, en croix-maries.

(Don César ouvre la sacoche et en tire plusieurs sacs pleins d'or et d'argent qu'il ouvre et vide sur la table avec admiration ; puis il se met à puiser à pleines poignées dans les sacs d'or, et remplit ses poches de quadruples et de doublons.)

DON CÉSAR (s'interrompant avec majesté. A part et d'un ton solennel).

Voici que mon roman, couronnant ses féeries,
Meurt amoureusement sur un gros million.

(Il se remet à remplir ses poches et d'un ton d'allégresse).

O délices ! je mords à même un galion !

(Une poche pleine, il passe à l'autre. Il se cherche des poches partout et semble avoir oublié le laquais).

LE LAQUAIS (qui le regarde avec impassibilité et d'un ton humble).

Et maintenant | j'attends vos ordres,

DON CÉSAR (se retournant et d'un ton naïf).

        Pourquoi faire ?

LE LAQUAIS (d'un ton un peu surpris).

Afin d'exécuter, vite et sans qu'on diffère,
Ce que je ne sais pas | et ce que vous savez.

(D'un ton important).

De très grands intérêts...

DON CÉSAR (l'interrompant d'un air d'intelligence).

       Oui, publics et privés !!!

---

1. Le laquais, Don César.

LE LAQUAIS (continuant sur le même ton).

Veulent que tout cela se fasse à l'instant même.

(D'un ton plus simple).

Je dis | ce qu'on m'a dit de dire.

DON CÉSAR (lui frappant sur l'épaule et d'un ton affectueux).

Et je t'en aime, —
Fidèle serviteur !

LE LAQUAIS (d'un ton déférent).

Pour ne rien retarder,
Mon maître | à vous me donne | afin de vous aider.

DON CÉSAR (d'un ton important).

C'est agir congrûment. Faisons ce qu'il désire.

(A part d'un ton embarrassé).

Je veux être pendu si je sais que lui dire.

(Haut et d'un ton d'autorité).

Approche, galion, et d'abord —

(Il remplit de vin l'autre verre).

Bois-moi ça.

LE LAQUAIS (d'un ton de refus respectueux).

Quoi, Seigneur !

DON CÉSAR (d'un ton engageant).

Bois-moi ça !

(Le laquais boit, Don César lui remplit son verre et d'un ton élogieux (¹).

Du vin d'Oropesa

1. Don César assis, la table, le laquais assis.

(Il fait asseoir le laquais à la table à gauche, le fait boire, et lui verse encore de nouveau vin.)

Causons.

(A part et d'un ton satisfait).

   Il a déjà la prunelle allumée.

(Haut, s'étendant sur sa chaise et d'un ton philosophique).

**L'homme, mon cher ami, n'est que de la fumée —
Noire | et qui sort du feu des passions. Voilà.**

(Il lui verse à boire et d'un ton naïf.)

C'est bête comme tout, ce que je te dis là.

(D'un ton explicatif).

**Et d'abord la fumée, au ciel bleu ramenée,
Se comporte autrement dans une cheminée :
Elle monte gaîment, et nous dégringolons.**

(Il se frotte la jambe et d'un ton méprisant).

L'homme n'est qu'un plomb vil.

(Il remplit les deux verres et d'un ton gai).

                **Buvons. Tous tes doublons
Ne valent pas le chant d'un ivrogne qui passe.**

(Se rapprochant d'un air mystérieux et à mi-voix).

**Vois-tu, soyons prudents. Trop chargé, l'essieu
                                    [casse ;
Le mur sans fondement | s'écroule subito [1].**

(Il se lève et d'un ton simple et avec autorité).

Mon cher, raccroche-moi le col de mon manteau.

1. Don César, le laquais debout.

LE LAQUAIS (fièrement et d'un ton dédaigneux).

Seigneur, je ne suis pas valet de chambre.

(Avant que Don César ait pu l'en empêcher, il secoue la sonnette posée sur al table.)

DON CÉSAR (se levant. A part, effrayé et d'un ton craintif [1].)

Il sonne !
Le maître va peut-être arriver en personne.
Je suis pris.

(Entre un des noirs. Don César, en proie à la plus vive anxiété se retourne du côté opposé, comme ne sachant que devenir).

LE LAQUAIS (au nègre et d'un ton de commandement).

Remettez l'agrafe à Monseigneur.

(Le nègre s'approche gravement de Don César, qui le regarde faire d'un air stupéfait ; puis il rattache l'agrafe du manteau, salue et sort laissant Don César pétrifié).

DON CÉSAR (à part, d'un ton ébahi).

Je suis chez Belzébuth, ma parole d'honneur !

(Il vient sur le devant du théâtre, s'y promene à grand pas et dit d'un ton résolu).

Ma foi, laissons-nous faire, et prenons ce qui
[s'offre.
Donc, je vais remuer les écus à plein coffre.
J'ai de l'argent ! que vais-je en faire ?

(Se retournant vers le laquais attablé, qui continue à boire ! et qui commence à chanceler sur sa chaise ; d'un ton d'autorité).

Attends, pardon !

(Rêvant à part et d'un ton dubitatif).

Voyons, — si je payais mes créanciers ? —

1. Le laquais, Don César.

(D'un ton méprisant).
Fi donc!

(D'un ton de condescendance).
Du moins, pour les calmer, âmes à s'aigrir
[promptes.
Si je les arrosais avec quelques acomptes?

(D'un ton dédaigneux).
— A quoi bon arroser ces vilaines fleurs-là ?

(D'un ton surpris).
Où diable mon esprit va-t-il chercher cela ?
Rien n'est tel que l'argent pour vous corrompre
[un homme,
Et, fut-il descendant d'Annibal | qui prit Rome,
L'emplir jusqu'au goulot de sentiments bourgeois!

(Avec un ton de mépris).
Que dirait-on ? me voir payer ce que je dois !
Ah !

LE LAQUAIS (vidant son verre, d'un ton légèrement ému).

Que m'ordonnez-vous ?

DON CÉSAR (d'un ton très sérieux).

Laisse-moi, je médite.

(D'un ton plus simple).
Bois en m'attendant.

(Le laquais se remet à boire, Don César continue de rêver et tout à coup se frappe le front comme ayant trouvé une idée).

Oui !

(Au laquais d'un ton de commandement).

Lève-toi tout de suite..
Voici ce qu'il faut faire ! Emplis tes poches d'or.

(Le laquais se lève va à la table à droite en trébuchant | et emplit d'or les poches de son justaucorps. Don César l'y aide en continuant d'un ton de recommandation 1.)

Dans la ruelle, au bout de la place Mayor,
Entre au numéro neuf.

(D'un ton d'explication).

Une maison étroite,
Beau logis, si ce n'est que la fenêtre à droite,
A sur le cristallin | une taie en papier.

LE LAQUAIS (d'un ton aviné).

Maison borgne ?

DON CÉSAR (d'un de réfutation).

Non, louche. On peut s'estropier —
En montant l'escalier. Prends-y garde.

(Détaillez bien et gaiment).

En un bouge, —
A côté, tu verras un gros diable au nez rouge,
Coiffé jusqu'aux sourcils d'un vieux feutre fané,
Où pend tragiquement un plumeau consterné,
La rapière à l'échine et la loque à l'épaule.

(D'un ton de pitié).

— Donne de notre part six piastres à ce drôle.

(Reprenez le ton descriptif).

— Plus loin, tu trouveras un trou noir comme un
[four,

1. Don César, le laquais.

4

Un cabaret qui chante au coin d'un carrefour.

(D'un ton philosophique).

Sur le seuil boit et fume un vivant qui le hante.
C'est un homme fort doux | et de vie élégante,
Un seigneur | dont jamais un juron ne tomba,
Et mon ami de cœur, nommé Goulatromba.

(D'un ton ferme et de commandement).

Trente écus ! et dis-lui, pour toutes patenôtres,
Qu'il les boive bien vite et qu'il en aura d'autres.
Donne à tous ces faquins | ton argent le plus rond,
Et ne t'ébahis pas des yeux qu'ils ouvriront.

LE LAQUAIS (d'un ton aviné).

Après ?

DON CÉSAR (d'un ton superbe).

Garde le reste. Et pour dernier chapitre...

LE LAQUAIS (d'un ton déférent, la voix altérée).

Qu'ordonne Monseigneur ?

DON CÉSAR (d'un ton goguenard).

Va te griser, bélître !
Casse beaucoup de pots | et fais beaucoup de bruit,
Et ne rentre chez toi | que demain — dans la nuit.

LE LAQUAIS (d'un ton respectueux).

Suffit, mon prince.

(Il se dirige vers la porte en faisant des zigzags.)

DON CÉSAR (le regardant marcher. — A part, d'un ton joyeux).

Il est effroyablement ivre !

(Le rappelant).

Ah !

(D'un ton de recommandation).

Quand tu sortiras, les oisifs vont te suivre.

Prends bien garde

Fais par ta contenance | honneur à la boisson ;

(D'un ton digne).

Sache te comporter d'une noble façon.
S'il tombe par hasard | des écus de tes chausses,

Eh bien !

Laisse tomber ; — et si des essayeurs de sauces,
Des clers, des écoliers, des gueux qu'on voit passer,
— Les ramassent,

(D'un ton bienveillant).

— mon cher, laisse-les ramasser.
Crois-moi,

Ne sois pas un mortel de trop farouche approche.
Si même | ils en prenaient quelques-uns dans ta
[poche,

N'y fais pas attention,

Sois indulgent. Ce sont des hommes comme nous.

(D'un ton de bonté).

Et puis il faut, vois-tu, c'est une loi pour tous,
Dans ce monde, rempli de sombres aventures,

Donner parfois un peu de joie aux créatures.

(Avec mélancolie et d'un ton affligé).

Tous ces gens-là | seront peut-être un jour pendus !
Ayons, donc les égards pour eux | qui leur sont dus !

(D'un ton majestueux).

— Va-t'en.

(Le laquais sort. Resté seul: Don César se rassied, s'accoude sur la table et paraît plongé dans de profondes réflexions. — Avec un ton digne et un peu ironique).

C'est le devoir du chrétien et du sage,
Quand il a de l'argent | d'en faire un bon usage.

Voyons réfléchissons

J'ai de quoi vivre au moins huit jours !

                                          Je les vivrai.

(D'un ton résolu).

Et, s'il me reste un peu d'argent,

(D'un ton pénétré).

                              Je l'emploierai

A des fondations pieuses.

                            Victor Hugo.

Théâtre, édition Quantin-Hetzel

LES FAUX BONSHOMMES

COMÉDIE EN QUATRE ACTES

De Th. BARRIÈRE et CAPENDU [1]

Nous ne pouvions oublier dans ce recueil l'auteur satirique et verveux qui, pendant trente ans, a enchanté le public par son esprit, son génie d'observateur et ce merveilleux talent de metteur en scène qui lui servait à donner le mouvement à ces comédies si vives, si fines et si mordantes.

La scène des Dufouré restera comme un exemple de la bonne comédie au dix-neuvième siècle.

Il faut donner à monsieur et à madame Dufouré le ton hypocrite qui leur convient, et au fils le laisser aller et cette indolence naïve qui caractérise les mauvais sujets de notre temps.

[1]. Calmann-Lévy, éditeur, 5, rue Scribe.

ACTE II, SCÈNE VI

MADAME DUFOURÉ, DUFOURÉ

(Madame Dufouré est à droite, M. Dufouré vient de gauche et descend près d'elle).

MADAME DUFOURÉ (d'un ton furieux).

Ah ! le petit monstre ! où peut-il être, et ce M. Dufouré ? Ah !

DUFOURÉ (rentrant et d'un ton de colère concentré).

C'est trop fort, cette fois | je suis furieux !

MADAME DUFOURÉ (d'un ton aigre et curieux).

Qu'avez-vous donc ?

DUFOURÉ (continuant sans faire attention à la demande de madame Dufouré).

Aussi, qu'il s'arrange, je ne veux plus le voir !

MADAME DUFOURÉ (se lève fait tourner M. Dufouré et d'un ton mécontent).

Mais encore une fois, Monsieur Dufouré...

DUFOURÉ (d'un ton narquois et rageur en montrant un papier).

Tenez, voilà ce que j'ai trouvé tout à l'heure | en rentrant chez moi.

MADAME DUFOURÉ (d'un ton étonné).

Un papier timbré !...

DUFOURÉ (même ton que plus haut).

Un protêt, oui, Madame.

MADAME DUFOURÉ (d'un ton de surprise et d'indignation).

Un protêt au nom de mon fils !...

DUFOURÉ (d'un ton de colère railleuse)

Vous l'avez dit...

MADAME DUFOURÉ (d'un ton de stupéfaction).

Raoul aurait fait de nouvelles dettes ?

DUFOURÉ (raillant et d'un ton goguenard).

Il y a apparence.

MADAME DUFOURÉ (même ton que plus haut).

Je reste confondue !

DUFOURÉ (furieux et d'un ton de menace).

J'ai payé deux fois pour lui déjà, et voilà comment il me récompense de mes faiblesses.

Oh! ça ne m'étonne pas, du reste;

Je connais toute sa conduite... Monsieur Raoul mène tout simplement une vie de polichinelle !

(D'un ton narquois et rageur et appuyant sur chaque *madame*).

Il joue, Madame ! il soupe, Madame ! il gruge notre bien, Madame !

MADAME DUFOURÉ (d'un ton impatient et grognon).

Eh bien quoi? Que voulez-vous dire avec tous vos « madame? » Suis-je donc responsable des folies de monsieur votre fils?

DUFOURÉ (d'un ton de reproche).

Assurément ; si vous l'aviez mieux surveillé..

MADAME DUFOURÉ (d'un ton de réfutation).

Pouvais-je donc être sans cesse sur ses talons ?

DUFOURÉ (d'un ton de reproche et en bougonnant).

Et pourquoi pas ? Cela eût mieux valu que de passer votre temps à commérer comme vous faites !

MADAME DUFOURÉ (indignée).

Oh !

DUFOURÉ (même ton que plus haut).

Pour organiser vos loteries soi-disant de bienfaisance !...

MADAME DUFOURÉ (d'un ton exaspéré).

Soi-disant !...

DUFOURÉ (d'un ton méchant et moqueur).

Et qui ne sont que des prétextes | pour faire de l'embarras.

MADAME DUFOURÉ (d'un ton de blâme et d'ironie).

Je vous conseille de parler, vous, qui ne feriez pas l'aumône de deux francs | que vous n'en dépensiez vingt | pour vous faire une réclame dans les journaux.

(Avec colère.)

Votre fils !... votre fils !... il vaut mieux qu'il se dérange maintenant

(Appuyant d'un ton insinuant).

que plus tard !

(Elle passe devant Dufouré et gagne la droite, Dufouré reste un moment interdit puis se rapproche d'elle [1]).

DUFOURÉ (d'un ton naïf et inquiet).

Que voulez-vous dire, Madame ?...

MADAME DUFOURÉ (tragiquement).

Je veux dire, Monsieur, que je vous ai suivi.

DUFOURÉ (d'un ton vif et sec).

Ce n'est pas vrai !...

MADAME DUFOURÉ (d'un ton narquois et goguenard).

Mais vous n'êtes pas malin, Monsieur, mais un enfant de cinq ans | lirait dans votre conduite !

(D'un ton très moqueur).

Monsieur, quand il sortait, se couvrait de pommades et d'essences ! Monsieur mangeait des pastilles du sérail !...

DUFOURÉ (d'une voix étouffée).

Plus bas, Madame, plus bas !

MADAME DUFOURÉ (d'un ton violent).

Eh ! monsieur !... quand je dévoilerais vos turpitudes !...

(D'un ton énergique).

Car enfin répondez :

---

[1]. Dufouré, madame Dufouré.

(Elle va à lui le prend par le bras et le tourne).

Qu'avez-vous fait de ma jeunesse?

(S'attendrissant peu à peu).

Vous l'avez laissée se consumer dans la solitude et dans l'abandon; l'âge des plaisirs, je l'ai passé à la fenêtre et sur l'escalier.

DUFOURÉ (d'un ton narquois).

Vous êtes folle!

MADAME DUFOURÉ (d'un ton ému et grognon).

Je le fus | le jour où je consentis à être votre femme!

DUFOURÉ (d'un ton satisfait et fier).

Il me semble cependant | que vous n'avez pas eu lieu de vous en repentir...

(Appuyant).

et ma fortune...

MADAME DUFOURÉ (appuyant plus fort).

Et ma dot, Monsieur! J'ai eu une dot.

DUFOURÉ (d'un ton naïf et impertinent).

Eh! parbleu! je m'en souviens bien.

(D'un ton agressif).

Croyez-vous que je vous eusse épousée pour vos beaux yeux?...

MADAME DUFOURÉ (d'un ton vexé).

Mais vous me le disiez, Monsieur... Vous m'abusiez donc?...

(D'un ton injurieux).

Ah! tenez, vous êtes un faux bonhomme!...

DUFOURÉ (indigné et surpris).

Un faux bonhomme!... moi?

MADAME DUFOURÉ (appuyant et d'un ton d'obstination).

Oui, un faux bonhomme!

(D'un ton de reproche).

Et quand vous devriez être le plus indulgent pour les fautes des autres, c'est vous qui vous montrez le plus sévère!

(D'un ton exalté).

Vous poussez de grands cris contre votre fils, eh bien, encore une fois,

Vous n'avez rien à dire,

votre fils est garçon! il est libre, lui!... et je suis bien sûre que s'il était marié...

DUFOURÉ (s'asseyant et d'un ton naïf).

Oh oui! parlons de ça.

MADAME DUFOURÉ (d'un ton énergique).

Certainement, qu'il faut en parler!...

DUFOURÉ (d'un ton dédaigneux et moqueur).

Mais, Madame, Raoul est un mange-tout, un panier percé, et s'il se mariait ?...

(S'arrêtant tout à coup et d'un ton de blâme).

Mais ça vous est bien égal, pourvu que vous vous en débarrassiez !

MADAME DUFOURÉ (d'un ton de réfutation).

Vous êtes un calomniateur ! mon fils ne m'a jamais gênée.

(Dufouré éclate de rire. Madame Dufouré furieuse reprend d'un ton menaçant).

Jour de Dieu, Ernest ! ne me poussez pas à bout !...

DUFOURÉ (toujours riant et d'un ton moqueur).

Vous êtes folle, vous dis-je !

MADAME DUFOURÉ (d'un ton aigre et sec).

C'est possible ; en tout cas, je saurai marier mon fils !...

DUFOURÉ (d'un ton gouailleur).

Joli cadeau pour une famille !...

MADAME DUFOURÉ (d'un ton ironique).

Eh bien ! allez dire cela à monsieur Peponet.

DUFOURÉ (d'un ton surpris).

Comment, Peponet !... Vous auriez des intentions sur une de ses filles ?...

MADAME DUFOURÉ (d'un ton approbatif et avec mauvaise humeur).

Eh ! sans doute !.. Vous ne voyez jamais rien !..

DUFOURÉ (d'un ton de refus).

Madame ! Peponet est mon ami, et mon fils...

MADAME DUFOURÉ (d'un ton irrité et nerveux).

Plus un mot, Monsieur... plus un mot !

(Défaillant tout à coup).

Une telle scène !... un tel éclat !... Ah ! je sens que je vais me trouver mal !...

(Elle tombe sur un fauteuil à droite. Raoul paraît venant de gauche).

SCÈNE VII

DUFOURÉ, RAOUL, MADAME DUFOURÉ

RAOUL (descendant au milieu de la scène et d'un ton niais [1]).

On m'a dit que vous me demandiez, maman ?

MADAME DUFOURÉ (se relevant tout à coup et d'un ton autoritaire).

Approchez, mon fils.

DUFOURÉ (d'un ton furieux et s'approchant de Raoul).

Monsieur...

---

[1] Dufouré à gauche, Raoul au milieu et madame Dufouré à droite.

MADAME DUFOURÉ (se relevant tout à coup et s'interposant en venant entre Raoul et Dufouré et repoussant celui-ci [1].)

Laissez-moi lui parler.

(A Raoul et d'un ton de reproche).

D'où venez-vous ?

RAOUL (s'asseyant à droite et d'un ton indolent).

Je viens de me promener dans la campagne.

MADAME DUFOURÉ (d'un ton mécontent).

Vous ne pouviez donc pas vous promener au jardin avec ces demoiselles ?...

RAOUL (d'un ton boudeur).

Merci, on ne peut pas fumer avec ces demoiselles.

DUFOURÉ (d'un ton de stupéfaction).

Oh ! c'est trop fort !

RAOUL (se levant et d'un ton de mauvaise humeur).

Ah ! si c'est pour me faire une scène que vous m'avez fait venir, j'aime mieux m'en aller.

DUFOURÉ (d'un ton d'autorité).

Restez, Monsieur, je vous l'ordonne !...

MADAME DUFOURÉ (d'un ton conciliant).

Voyons, écoute-moi, il s'agit de quelque chose de sérieux...

---

1. Dufouré, madame Dufouré, Raoul.

(D'un ton insinuant).

Comment trouves-tu mademoiselle Eugénie ?

RAOUL (assis et d'un ton de refus).

Oh ! je ne veux pas me marier.

MADAME DUFOURÉ (d'un ton de surprise).

Et pourquoi ?

RAOUL (d'un ton naïf et bêta).

Tiens, parce que je veux m'amuser.

DUFOURÉ (d'un ton narquois et colère).

Oui, et faire des dettes, n'est-ce pas, pour qu'on nous envoie du papier timbré comme aujourd'hui... Tenez, Monsieur !

(Il lui donne le papier.)

RAOUL (le regardant sans le prendre et d'un ton très naturel).

Oh ! je n'en ai pas besoin, vous pouvez le garder.

DUFOURÉ (abasourdi).

Quel aplomb !

RAOUL (d'un ton de reproche).

Après tout, si je fais des dettes, c'est votre faute.

DUFOURÉ (d'un ton étonné et colère).

Osez-vous bien dire ?...

RAOUL (d'un ton convaincu et naïf).

Dame ! comment voulez-vous qu'on fasse figure avec soixante francs par mois ?

DUFOURÉ (d'un ton d'ébahissement).

Figure ?..

RAOUL (d'un ton dédaigneux).

Ça se mange en une soirée !

DUFOURÉ (d'un ton indigné).

Monsieur !...

RAOUL (d'un ton de justification).

Écoutez donc ! vous me parlez de mes dettes, je m'explique...

(D'un ton fier).

D'ailleurs j'ai fait mon droit.

DUFOURÉ (d'un ton de réfutation).

Oh ! si peu !

RAOUL (d'un ton net et cassant).

Enfin | j'ai lu l'article des successions. Or, ma tante Anastasie m'a laissé cent cinquante mille francs. Vous les détenez illégalement, puisque je suis majeur | et que j'ai droit à ma fortune.

(D'un ton très simple).

Donnez-moi ces cent cinquante mille francs, et je ne vous demanderai plus rien !

DUFOURÉ (indigné et d'un ton de menace).

Malheureux !...

RAOUL (d'un ton froid et décidé).

Dame ! Depuis que je suis au monde, vous m'avez toujours répété :

(D'un ton doctoral).

« La fortune est le premier des biens ; si tu veux être recherché, aie de l'argent ; — si tu veux avoir des amis, aie de l'argent ; — et toujours de l'argent ! »

(Se levant et d'un ton très sec et très simple.)

Eh bien ! j'en veux, voilà tout.

DUFOURÉ (d'un ton ferme et vexé).

N'y comptez pas !..... Ces cent cinquante mille francs | sont dans ma caisse..... ils y resteront !

RAOUL (d'un ton bêta et souriant).

Mais vous n'avez pas le droit de les garder, papa...

Je me suis renseigné, moi, et

dernièrement, un de mes amis | qui est clerc d'avoué | me disait...

DUFOURÉ (avec un ton d'exaspération).

Mais c'est épouvantable !... Un procès, peut-être ?...

MADAME DUFOURÉ (bas et d'un ton insinuant).

Vous voyez bien !...

DUFOURÉ (bas et d'un ton plus doux).

Vous aviez raison, Madame, il faut marier ce garçon-là.

(Hypocritement et d'un ton mielleux).

Le mariage le corrigera, sans doute...

MADAME DUFOURÉ (à Raoul et d'un ton de conciliation).

Voyons, mon ami, si on te donnait cet argent, qu'en ferais-tu ?...

RAOUL (d'un ton joyeux).

D'abord, je me ferais habiller par Dusautoy... un tailleur à la mode...

(D'un ton dédaigneux.)

J'en ai assez de votre tailleur concierge.

DUFOURÉ (d'un ton noble et fier).

Il m'habille bien, moi.

RAOUL (d'un ton moqueur).

C'est-à-dire qu'il vous habille mal !

MADAME DUFOURÉ (d'un ton doux et affable).

Eh bien, oui, tu te ferais habiller... après?...

RAOUL (d'un ton décidé).

Après, j'aurais un joli appartement | avec des tapis et des portières.

DUFOURÉ (d'un ton narquois).

Très bien.

RAOUL (d'un ton de convoitise).

Un coupé de chez Hecler, avec un nègre aussi.

DUFOURÉ (même ton narquois).

De mieux en mieux.

MADAME DUFOURÉ (à son mari et d'un ton bougon).

Laissez-nous donc tranquilles!

(A Raoul et d'un ton mielleux).

Mais, mon ami, une fois installé dans ce joli appartement, tu t'ennuierais tout seul... il faudrait là-dedans une gentille petite femme!...

RAOUL (d'un ton de ferme résolution).

Moi, je ne veux pas me marier.

DUFOURÉ (en colère et d'un ton impératif).

Je vous dis...

MADAME DUFOURÉ (l'interrompant et d'un ton de mauvaise humeur).

Laissez-nous donc tranquilles!

(A Raoul, d'un ton insinuant et persuasif.)

Cette existence est bien creuse, mon ami; car les heures sont longues, et quand on n'a pas une profession...

1. Dufouré, Raoul, madame Dufouré.

RAOUL (d'un ton assuré).

Bah! est-ce qu'on en a besoin à présent ? On joue à la Bourse !...

DUFOURÉ (sautant et d'un ton de stupéfaction).

La Bourse! voilà le restant de nos écus !...

(A Raoul et d'un ton dubitatif).

Tu veux jouer à la Bourse ?...

RAOUL (d'un ton suffisant et niais).

Pourquoi donc pas, puisque tout le monde y joue!

DUFOURÉ (d'un ton moqueur).

Oh! oh! vous n'êtes pas assez malin pour ça, vous!

RAOUL (d'un ton de réfutation).

Oh! je connais beaucoup d'imbéciles qui y font fortune... et Monsieur Peponet lui-même.

MADAME DUFOURÉ (vivement et à demi voix).

Veux-tu te taire!

(Tout doucement et d'un ton amical).

Mais, mon ami, la Bourse est un jeu dangereux : on gagne un jour et l'on perd le lendemain...

RAOUL (d'un ton convaincu et niais).

Eh bien... je ne jouerai que tous les deux jours...

DUFOURÉ (d'un ton d'ahurissement).

Il est stupide !

MADAME DUFOURÉ (d'un ton d'approbation).

Ecoute... je veux bien croire que tu pourrais faire des affaires tout comme un autre, si tu étais secondé...

(D'un ton engageant.)

Eh bien, épouse mademoiselle Eugénie... et monsieur Peponet | te mettra de moitié | dans les excellentes opérations | que lui fait faire monsieur Lecurdoncl.

RAOUL (d'un ton moqueur).

C'est ça, et quand j'aurais gagné, il donnerait mon gain à ma femme !...

(D'un ton décidé).

Du tout, je veux pouvoir manger mon argent à ma guise [1].

DUFOURÉ (d'un ton solennel et bête).

Et voilà la jeunesse d'aujourd'hui !... On ne pense plus qu'à se créer une société | en dehors de la famille. Les liens de parenté sont anéantis !.. on les brise !... on les foule aux pieds | pour une misérable question de plaisir ou d'intérêt !....

RAOUL (entre ses dents et d'un ton approbatif).

Pour deux douzaines d'assiettes, je connais ça...

1. Dufouré, madame Dufouré, Raoul.

DUFOURÉ (d'un ton inquiet).

Que voulez-vous dire?

RAOUL (riant et d'un ton bêta).

Ah! papa, vous ne vous souvenez pas qu'à la succession de grand'maman, vous vous êtes fâché avec mon oncle...

DUFOURÉ (d'un ton colère).

Monsieur!...

RAOUL (du même ton que plus haut).

Parce qu'il avait pris de plus que vous une douzaine d'assiettes!

DUFOURÉ (d'un ton exaspéré).

Je vous ordonne de vous taire...

RAOUL (à sa mère et d'un ton d'allégresse).

Va, maman, quand j'aurai fait une belle opération, je viendrai te prendre en voiture, et nous écraserons les passants!

MADAME DUFOURÉ (embrassant Raoul et d'un ton d'enchantement).

Il a un cœur excellent!...

DUFOURÉ (d'un ton mécontent).

Mais il nous mangerait jusqu'au dernier sou.

(A Raoul et d'un ton d'autorité).

Quand vous êtes arrivé, nous étions tout à fait

d'accord, votre mère et moi... Songez à nous obéir... vous épouserez mademoiselle Eugénie.

RAOUL (d'un ton de refus).

Prout!... ma foi non...[1]

(Il remonte prend son chapeau. Toute la fin de la scène est jouée à voix basse.)

DUFOURÉ (furieux et d'un ton contenu).

Voilà le résultat de l'éducation que vous lui avez donnée.

MADAME DUFOURÉ (même ton que son mari).

Je vous répète que c'est plus votre faute que la mienne!

DUFOURÉ (d'un ton de haine).

Tenez, je vous déteste!

MADAME DUFOURÉ (même ton que son mari).

Je vous le rends bien.

RAOUL (du fond et d'un ton joyeux).

Ah! Monsieur Edgard!

DUFOURÉ (vivement et d'un ton vif et bas.)

Du monde!... Tenez-vous, Madame... que l'on ne sache pas...

MADAME DUFOURÉ (rageant et d'un ton de menace, mais à mi-voix).

Ah! s'il n'y allait pas de l'avenir de mon enfant!...

1. Madame Dufouré, Dufouré, Raoul.

DUFOURÉ (voyant entrer Edgard, d'un ton mielleux).

Tu n'as pas de raison, ma chère amie, tu t'échauffes en parlant... te voilà toute rouge... tu sais bien que je fais toujours toutes tes volontés.

(Ils s'en vont bras-dessus, bras-dessous tout en se chamaillant tout bas en ayant l'air de se faire des mamours ; Raoul les suit en r'ant).

RÉVEIL D'ENFANTS

EXTRAIT DE

QUATRE-VINGT-TREIZE

ROMAN

De VICTOR HUGO [1]

Il est facile de trouver dans Victor Hugo des chapitres charmants qui forment de fort jolis monologues.

Dans ses poésies : *Le Revenant, les Pauvres Gens, Stella, la Conscience, Aymerillot, le Paricide*, etc., etc.

Dans ses romans : *l'Enlisement, un Homme à la Mer*, l'Introduction de *Quatre-vingt-treize*, la Description du *Vieux Paris*, etc., etc.

Mais je ne crois pas qu'il soit possible de lire une page plus exquise que ce réveil d'enfants dans les derniers chapitres de *Quatre-vingt-treize*.

[1]. Quantin, Hetzel, éditeurs.

Il faut dire ce récit avec une voix bien douce et une grande délicatesse.

Il sera important de donner à chaque enfant un timbre différent et un ton très enfantin.

En ce moment,

Les enfants se réveillèrent.

(D'un ton doux et avec peu de voix).

Ce fut d'abord la petite.

(Détaillez délicatement ce qui suit).

Georgette, celle de vingt mois, la dernière née des trois, souleva sa petite tête, se dressa sur son séant, regarda ses pieds, et se mit à jaser.

Or, pendant qu'elle jasait ainsi,

Les deux autres dormaient encore ;

Ah! que voulez-vous ?

C'est plus lourd, les hommes,

Il faut que vous sachiez que

René-Jean | était brun, Gros-Alain | était châtain, Georgette | était blonde.

(D'un ton décidé et ferme).

René-Jean | avait l'air d'un petit Hercule : il dormait sur le ventre, avec ses deux poings dans ses yeux.

(D'un ton plus dégagé.)

Gros-Alain | avait les deux jambes hors de son petit lit.

(D'un ton de pitié),

Tous trois étaient en haillons.

(D'un ton d'admiration).

Mais les haillons des enfants, c'est plein de lumière. Ils étaient charmants.

Or, pendant qu'ils dormaient,

Georgette jasait.

(D'un ton doux et poétique).

Ce qu'un oiseau chante, un enfant le jase.

(Reprenez le ton du récit).

Après Georgette, René-Jean, l'aîné,

(Avec un ton important).

le grand, qui avait quatre ans passés, se réveilla.

(D'un ton décidé et vif).

Il se leva debout, enjamba virilement son berceau, aperçut son écuelle, trouva cela tout simple, s'assit par terre | et commença à manger sa soupe.

Ce qu'il y a de plus curieux c'est que

La jaserie de Georgette | n'avait pas éveillé

Gros-Alain, mais au bruit de la cuiller dans l'écuelle,

(D'un ton bref et vif.)

il se retourna en sursaut, et ouvrit les yeux.

Vous vous rappelez que

Gros-Alain | était celui de trois ans.

(D'un ton très simple et très naïf).

Il vit son écuelle, il n'avait que le bras à étendre, il la prit, et, sans sortir de son lit, son écuelle sur ses genoux, sa cuiller au poing, il fit comme René-Jean, il se mit à manger.

(D'un ton très doux, avec peu de voix).

Georgette ne les entendait pas, et les ondulations de sa voix | semblaient moduler le bercement d'un rêve.

(Avec le ton du récit).

Quand René-Jean eut fini, il gratta avec la cuiller le fond de l'écuelle, soupira, et dit avec dignité :

(D'un ton grave et important).

J'ai mangé ma soupe.

(D'un ton fin et délicat).

Ceci tira Georgette de sa rêverie.

(Avec une voix enfantine et un ton de désir).

— Poupoupe, dit-elle.

(D'un ton vif et dégagé).

Et voyant que René-Jean avait mangé | et que Gros-Alain mangeait, elle prit l'écuelle de soupe qui était à côté d'elle | et mangea,

(D'un ton fin et comique).

non sans porter sa cuiller, beaucoup plus souvent à son oreille qu'à sa bouche.

Il faut avouer même que

De temps en temps | elle renonçait à la civilisation | et mangeait avec ses doigts.

(D'un ton vif et animé).

Gros-Alain, après avoir, comme son frère, gratté le fond de l'écuelle, était allé le rejoindre et courait derrière lui.

Mais voilà que

Tout à coup | on entendit au dehors, en bas, du côté de la forêt, un bruit de clairon.

A ce bruit inattendu,

Georgette | dressa le cou, cessa de manger et posa sa cuiller dans son écuelle;

(Doucement et d'un ton d'étonnement).

elle leva le petit

index de sa main droite, et, l'abaissant et le relevant tour à tour, marqua les cadences de la fanfare; puis elle demeura pensive, le doigt en l'air | et murmura à demi-voix:

(D'un ton doux et curieux).

— Misique.

(D'un ton très simple).

Nous pensons qu'elle voulait dire « musique. »

Pendant ce temps-là

Les deux aînés René-Jean et Gros-Alain | étaient absorbés par autre chose;

Et voici ce que c'était,

un cloporte | était en train de traverser la bibliothèque.

Tout à coup

Gros-Alain l'aperçut | et cria:

(D'une voix enfantine, d'un ton curieux).

— Une bête !

Immédiatement

René-Jean accourut.
Gros-Alain reprit :

(D'un ton craintif et avec la voix enfantine).

— Ça pique.

(D'un ton important).

— Ne lui fais pas de mal, dit René-Jean.

Ils s'approchèrent,

Et tous deux se mirent à regarder ce passant.

(Détaillez ce qui suit).

Cependant Georgette avait fini sa soupe ; elle chercha des yeux ses frères. René-Jean et Gros-Alain étaient dans l'embrasure d'une fenêtre, accroupis et graves au-dessus de ce cloporte.

(D'un ton de curiosité).

Georgette, voyant ses frères en contemplation, voulut savoir ce que c'était.

C'était tout naturel, mais

Il n'était pas aisé d'arriver jusqu'à eux.

(D'un ton ferme et résolu).

Elle l'entreprit pourtant ; elle s'élança, traversa la salle à quatre pattes, avec une vitesse de chat, et arriva près de la fenêtre.

Or, justement

En ce moment-là, René-Jean, satisfait du résultat de ses observations sur le cloporte, relevait la tête et disait :

(D'un ton important et d'une voix d'enfant).

— C'est une femelle.

Puis après cela

D'autres événements suivirent le cloporte.

D'abord des hirondelles passèrent. Cela fit lever les yeux aux trois enfants | et le cloporte fut oublié.

En voyant les oiseaux voler,

Georgette braqua son doigt sur les hirondelles | et cria :

(D'une voix d'enfant et d'un ton d'admiration).

— Cocos !

René-Jean la réprimanda.

(Avec une voix d'enfant et un ton de reproche).

— Mamoiselle, on ne dit pas des cocos, on dit des oseaux.

(Avec un ton d'étonnement).

— Zozo, dit Georgette.

(Avec le ton simple du récit).

Et tous les trois regardèrent les hirondelles.
Puis une abeille entra.

Cela les amusa et

Les trois petits ne la quittèrent pas des yeux.

Volant de tous côtés,

L'abeille explora toute la bibliothèque.

(D'un ton vif et léger).

Sa visite faite, elle partit.

(D'un ton important et avec la voix d'enfant).

— Elle va dans sa maison, dit René-Jean.

(Avec une autre voix d'enfant et d'un ton curieux).

— C'est une bête, dit Gros-Alain.

(Avec la première voix d'enfant et d'un ton de connaisseur).

— Non, repartit René-Jean, c'est une mouche.

(D'une voix d'enfant et d'un ton de surprise.)

— Muche, dit Georgette.

(Reprenez le ton du récit.)

Là-dessus Gros-Alain, qui venait de trouver à terre une ficelle | à l'extrémité de laquelle il y avait un nœud, fit de la ficelle une sorte de moulinet, et la regarda tourner | avec une attention profonde.

Pendant ce temps-là.

De son côté, Georgette, redevenue quadrupède, avait découvert un vénérable fauteuil de tapisserie | mangée de vers | dont le crin sortait par plusieurs trous.

Cela l'avait intéressée et alors

Elle s'était arrêtée à ce fauteuil.

(D'un ton grave et sérieux).

Elle élargissait les trous | et tirait le crin avec recueillement.

(D'un ton vif et étonné).

Brusquement, elle leva un doigt, ce qui voulait dire :
— Écoutez.

A ce signe de Georgette

Les deux frères tournèrent la tête.

(D'un ton sourd et avec peu de voix).

Un fracas vague et lointain | s'entendait au dehors.

En entendant ce bruit,

Les enfants écoutaient charmés.

(Avec une voix d'enfant et le ton doux).

René-Jean | chuchota à demi-voix :
— Maman.

(D'une voix d'enfant et d'un ton curieux).

— Maman, dit Gros-Alain.

(D'une voix d'enfant plus jeune, le ton ému).

— M'man, dit Georgette.

(D'un ton gai et vif).

Et puis René-Jean se mit à sauter.

(D'un ton décidé).

Ce que voyant, Gros-Alain sauta.

(D'un ton plus grave).

Georgette resta assise, disant de temps en temps un mot.

Vu son âge,

Georgette ne faisait pas de phrases, elle était monosyllabique.

Mais comme ses frères jouaient,

Au bout de quelque temps | néanmoins, l'exemple la gagna, et elle finit par tâcher de faire comme ses frères, et ces trois petites paires de pieds nus | se mirent à sauter, à courir, à chanceler dans la poussière du vieux parquet | de chêne poli.

(D'un ton plus bas.)

sous le grave regard des bustes de marbre, auxquels Georgette jetait de temps en temps de côté | un œil inquiet. en murmurant :

(Avec une voix d'enfant et le ton craintif).

— Les momommes !

Vous avez pu remarquer que

Gros-Alain avait une spécialité, les trouvailles.

Il en fit une nouvelle car

Son frère et sa sœur le virent tout coup |

caracoler éperdument | en tirant après lui un petit chariot à quatre roues | qu'il avait déterré je ne sais où.

Voulant profiter de sa trouvaille,

Gros-Alain avait fait de sa ficelle | un fouet | qu'il faisait claquer ; il était très fier.

Ah! que voulez-vous ?

Tels sont les inventeurs. Quand on ne découvre pas l'Amérique, on découvre une petite charrette. C'est toujours cela.

Gros-Alain était ravi,

Mais il fallut partager.

Les autres désiraient profiter du joujou,

René-Jean | voulut s'atteler à la voiture | et Georgette voulut monter dedans.

Ce n'était pas très commode, mais

Elle essaya de s'y asseoir.

On se partagea les rôles,

René-Jean fut le cheval. Gros-Alain fut le cocher.

Cela allait bien,

Mais le cocher ne savait pas son métier, le cheval le lui apprit.

René-Jean cria à Gros-Alain :

(D'un ton d'autorité).

— Dis : Hu !

(D'un ton ferme et résolu).

— Hu ! répéta Gros-Alain.

Malheureusement

La voiture versa.

Et par suite

Georgette roula.

(D'un ton de commisération).

Cela crie, les anges. Georgette cria. Puis elle eut une vague envie de pleurer.

(D'un ton de réprimande).

— Mademoiselle, dit René-Jean, vous êtes trop grande.

(D'un ton de fierté).

— *J'ai grande*, fit Georgette.
Et sa grandeur la consola de sa chute.

(Reprenez le ton du récit et détaillez bien ce qui suit).

La corniche d'entablement | au-dessous des fenêtres | était fort large ; la poussière des champs | envolée du plateau de bruyère | avait fini par s'y amasser ; le vent y avait apporté des graines, si bien qu'une ronce | avait profité de ce peu de terre, pour pousser là.

Or, justement

On était en août, la ronce était couverte de mures, et une branche de la ronce | entrait par une fenêtre. Cette branche pendait presque jusqu'à terre.

Et comme il trouvait tout

Gros-Alain découvrit cette ronce. Il s'en approcha.

Se doutant que cela devait être bon,

Il cueillit une mure et la mangea.

(D'un ton de gourmandise).

— J'ai faim, dit René-Jean.

(D'un ton vif.)

Et Georgette, galoppant sur ses genoux et ses mains, arriva.

(D'un ton joyeux et brillant).

A eux trois | ils pillèrent la branche | et mangèrent toutes les mures. Ils s'en grisèrent | et s'en barbouillèrent, et, tout vermeils de cette pourpre de la ronce, ils riaient aux éclats.

C'était une vraie partie de plaisir, mais

De temps en temps, la ronce leur piquait les doigts.

Ah ! que voulez-vous ?

Rien pour rien.

(D'un ton triste et boudeur.)

Georgette tendit à René-Jean | son doigt où perlait une petite goutte de sang | et dit en montrant la ronce :

(D'un ton pleurard).

— Pique.

(D'un ton dépité).

Gros-Alain, piqué aussi, regarda la ronce avec défiance | et dit:

(D'un ton vexé et effrayé).

— C'est une bête.

(D'un ton de réfutation).

— Non, répondit René-Jean, c'est un bâton.

(D'un ton fâché).

Un bâton, c'est méchant, reprit Gros-Alain.

(Avec un ton très doux et très poétique).

Un réveil d'enfants, c'est une ouverture de fleurs ; il semble qu'un parfum sorte de ces fraîches âmes.

(D'un ton plus solennel).

Le cantique le plus sublime | qu'on puisse entendre sur la terre, c'est le bégaiement de l'âme humaine | sur les lèvres de l'enfance,

Victor Hugo
Quatre-vingt-treize [1]

1. Œuvres de Victor Hugo. Éditeurs, Qantin et Hetzel.

MONSIEUR DE POURCEAUGNAC

COMÉDIE EN TROIS ACTES

De MOLIÈRE

ACTE Ier, SCÈNE V

MONSIEUR DE POURCEAUGNAC, SBRIGANI

M. DE POURCEAUGNAC (venant de gauche se retournant du côté d'où il est venu et parlant d'un ton irrité à des gens qui le suivent [1]).

Hé bien, quoi ? Qu'est-ce ? Qu'y a-t-il ? Au diantre soient la sotte ville et les sottes gens qui y sont !

Conçoit-on cela ?

Ne pouvoir faire un pas sans trouver des nigauds qui vous regardent | et se mettent à rire !

(Se retournant comme s'adressant aux gens qui son dans la coulisse et d'un ton de reproche.)

Hé ! Messieurs les badauds, faites vos affaires, et laissez passer les personnes | sans leur rire au nez.

---

1. M. de Pourceaugnac, Sbrigani.

(D'un ton menaçant).

Je me donne au diable, si je ne baille un coup de poing au premier que je verrai rire.

SBRIGANI (remontant vers la gauche et parlant aux mêmes personnes et d'un ton de reproche [2]).

Qu'est-ce que c'est, Messieurs ? Que veut dire cela ? A qui en avez-vous ?

Voyons ! vous n'y pensez pas !

Faut-il se moquer ainsi des honnêtes étrangers qui arrivent ici ?

M. DE POURCEAUGNAC (d'un ton d'approbation).

Voilà un homme raisonnable, celui-là.

SBRIGANI (du même ton et toujours parlant aux gens de la coulisse).

Quel procédé est le vôtre ! et qu'avez-vous à rire ?

M. DE POURCEAUGNAC (d'un ton enchanté).

Fort bien !

SBRIGANI (toujours du même ton).

Monsieur a-t-il quelque chose de ridicule en soi?

M. DE POURCEAUGNAC (appuyant).

Oui?

SBRIGANI (même ton, mais s'échauffant un peu).

Est-il autrement que les autres ?

M. DE POURCEAUGNAC (s'échauffant aussi).

Suis-je tortu ou bossu ?

2. Sbrigani, M. de Pourceaugnac.

SBRIGANI (montant le ton de plus en plus).

Apprenez à connaître les gens.

M. DE POURCEAUGNAC (d'un ton approbatif).

C'est bien dit.

SBRIGANI (d'un ton d'autorité).

Monsieur | est d'une mine à respecter.

M. DE POURCEAUGNAC (appuyant toujours).

Cela est vrai.

SBRIGANI (du même ton, mais plus fort).

Personne de condition.

M. DE POURCEAUGNAC (appuyant de plus en plus).

Oui, Gentilhomme limosin.

SBRIGANI (même ton, mais plus fort encore).

Homme d'esprit.

M. DE POURCEAUGNAC (d'un ton de fierté).

Qui a étudié en droit.

SBRIGANI (d'un ton de reproche).

Il vous fait trop d'honneur de venir dans votre ville.

M. DE POURCEAUGNAC (appuyant).

Sans doute.

SBRIGANI (désignant M. de Pourceaugnac et d'un ton gouailleur).

Monsieur n'est point une personne à faire rire

M. DE POURCEAUGNAC (d'un ton approbatif).

Assurément.

SBRIGANI (d'un ton menaçant).

Et quiconque rira de lui | aura affaire à moi.

M. DE POURCEAUGNAC (à Sbrigani d'un ton de remercîment).

Monsieur, je vous suis infiniment obligé.

SBRIGANI (d'un ton d'excuse).

Je suis fâché, Monsieur, de voir recevoir de la sorte | une personne comme vous, et je vous demande pardon pour la ville.

M. DE POURCEAUGNAC (d'un ton affable).

Je suis votre serviteur.

SBRIGANI (d'un ton aimable).

Je vous ai vu ce matin, Monsieur, avec le coche, lorsque vous avez déjeuné ; et la grâce avec laquelle vous mangiez votre pain, m'a fait naître d'abord de l'amitié pour vous;

(D'un ton de prévenance.)

et, comme je sais que vous n'êtes jamais venu en ce pays, et que vous y êtes tout neuf, je suis bien aise de vous avoir trouvé, pour vous offrir mon service à cette arrivée, et vous aider à vous conduire parmi ce peuple, qui n'a pas, parfois, pour les honnêtes gens | toute la considération qu'il faudrait.

M. DE POURCEAUGNAC (d'un ton confus).

C'est trop de grâce que vous me faites.

SBRIGANI (d'un ton de bonhommie).

Je vous l'ai déjà dit : du moment que je vous ai vu, je me suis senti pour vous de l'inclination.

M. DE POURCEAUGNAC (d'un ton de remerciment).

Je vous suis obligé.

SBRIGANI (d'un ton aimable et légèrement moqueur)

Votre physionomie m'a plu.

M. DE POURCEAUGNAC (d'un ton confus).

Ce m'est beaucoup d'honneur.

SBRIGANI (du même ton).

J'y ai vu quelque chose d'honnête...

M. DE POURCEAUGNAC (d'un ton de remerciment).

Je suis votre serviteur.

SBRIGANI (du même ton).

Quelque chose d'aimable...

M. DE POURCEAUGNAC (même ton mais plus accentué).

Ah, ah !

SBRIGANI (même ton).

De gracieux...

M. DE POURCEAUGNAC (même ton).

Ah, ah !

SBRIGANI (d'un ton complimenteur).

De doux...

M. DE POURCEAUGNAC (même ton).

Ah, ah !

SBRIGANI (même ton mais plus fort).

De majestueux...

M. DE POURCEAUGNAC (même ton).

Ah, ah !

SBRIGANI (toujours même ton).

De franc...

M. DE POURCEAUGNAC (même ton).

Ah, ah !

SBRIGANI (toujours même ton).

Et de cordial.

M. DE POURCEAUGNAC (même ton).

Ah, ah !

SBRIGANI (d'un ton affectueux).

Je vous assure que je suis tout à vous.

M. DE POURCEAUGNAC (d'un ton de gratitude).

Je vous ai beaucoup d'obligation.

SBRIGANI (d'un ton de sincérité affectée).

C'est du fond du cœur que je parle.

M. DE POURCEAUGNAC (d'un ton de confiance).

Je le crois.

SBRIGANI (d'un ton de déférence).

Si j'avais l'honneur d'être connu de vous, vous sauriez que je suis un homme tout à fait sincère...

M. DE POURCEAUGNAC (même ton que plus haut).

Je n'en doute point.

SBRIGANI (d'un ton dédaigneux).

Ennemi de la fourberie...

M. DE POURCEAUGNAC (d'un ton de crédulité).

J'en suis persuadé.

SBRIGANI (d'un ton de loyauté exagérée).

Et qui n'est pas capable de déguiser ses sentiments.

M. DE POURCEAUGNAC (même ton que plus haut).

C'est ma pensée.

SBRIGANI (voyant que M. de Pourceaugnac le considère attentivement et d'un ton explicatif).

Vous regardez mon habit qui n'est pas fait comme les autres ; mais je suis originaire de Naples, à votre service, et j'ai voulu conserver un peu la manière de s'habiller | et la sincérité de mon pays.

M. DE POURCEAUGNAC (d'un ton approbatif).

C'est fort bien fait. Pour moi, j'ai voulu me mettre à la mode de la cour pour la campagne.

SBRIGANI (d'un ton complimenteur).

Ma foi, cela vous va mieux qu'à tous nos courtisans.

M. DE POURCEAUGNAC (d'un ton de satisfaction).

C'est ce que m'a dit mon tailleur. L'habit est propre et riche, et il fera du bruit ici.

SBRIGANI (d'un ton d'assurance).

Sans doute. N'irez-vous pas au Louvre?

M. DE POURCEAUGNAC (d'un ton important).

Il faudra bien aller faire ma cour.

SBRIGANI (d'un ton flatteur).

Le roi sera ravi de vous voir.

M. DE POURCEAUGNAC (d'un ton de vanité).

Je le crois.

SBRIGANI (d'un ton empressé).

Avez-vous arrêté un logis?

M. DE POURCEAUGNAC (d'un ton naïf).

Non; j'allais en chercher un.

SBRIGANI (d'un ton de complaisance).

Je serai bien aise d'être avec vous pour cela, et je connais tout ce pays-ci.

SCÈNE VI

ÉRASTE, MONSIEUR POURCEAUGNAC, SBRIGANI

ERASTE (venant de droite et d'un ton de surprise, puis avec ravissement et allant à M. de Pourceaugnac auquel il serre les mains [1]).

Ah! qu'est ceci? Que vois-je? Quelle heureuse

rencontre ! Monsieur de Pourceaugnac ! Que je suis ravi de vous voir !

(D'un ton de grand étonnement.)

Comment ! il semble que vous ayez peine à me reconnaître.

M. DE POURCEAUGNAC (d'un ton stupéfait).

Monsieur, je suis votre serviteur !

ERASTE (d'un ton de reproche aimable).

Est-il possible que cinq ou six années m'aient ôté de votre mémoire, et que vous ne reconnaissiez pas le meilleur ami de toute la famille des Pourceaugnac ?

M. DE POURCEAUGNAC (d'un ton d'excuse).

Pardonnez-moi.

(Bas à Sbrigani et d'un ton étonné).

Ma foi, je ne sais qui il est.

ERASTE (d'un ton d'assurance).

Il n'y a pas un Pourceaugnac à Limoges que je ne connaisse, depuis le plus grand jusqu'au plus petit ;

C'est tout simple,

je ne fréquentais qu'eux dans le temps que j'y étais, et j'avais l'honneur de vous voir presque tous les jours.

1. Sbrigani, M. de Pourceaugnac, Eraste.

M. DE POURCEAUGNAC (d'un ton de confusion mêlé de surprise).

C'est moi qui l'ai reçu, Monsieur.

ERASTE (d'un ton interrogatif et gai).

Vous ne vous remettez point mon visage ?

M. DE POURCEAUGNAC (d'un ton de fausse assurance).

Si fait.

(A Sbrigani d'un ton naïf).

Je ne le connais point.

ERASTE (même ton que plus haut).

Vous ne vous souvenez pas que j'ai eu le bonheur de boire avec vous, je ne sais combien de fois ?

M. DE POURCEAUGNAC (d'un ton d'assurance).

Excusez-moi.

(A Sbrigani, d'un ton surpris.)

je ne sais ce que c'est.

ERASTE (du ton de quelqu'un qui cherche).

Comment appelez-vous ce traiteur de Limoges qui fait si bonne chère ?

M. DE POURCEAUGNAC (d'un ton d'empressement).

Petit-Jean ?

ERASTE (d'un ton approbatif).

Le voilà ! Nous allions le plus souvent ensemble chez lui nous réjouir.

(Du ton d'un homme qui cherche à se rappeler).

Comment est-ce que vous nommez à Limoges | ce lieu où l'on se promène ?

M. DE POURCEAUGNAC (d'un ton empressé).

Le cimetière des Arènes ?

ERASTE (d'un ton d'approbation).

Justement. C'est où je passais de si douces heures à jouir de votre agréable conversation.

Comment ?

Vous ne vous remettez pas tout cela ?

M. DE POURCEAUGNAC (d'un ton de réfutation.)

Excusez-moi, je me le remets.

(A Sbrigani avec le ton de l'incrédulité).

Diable emporte si je m'en souviens !

SBRIGANI (bas, à M. de Pourceaugnac d'un ton explicatif).

Il y a cent choses comme cela | qui passent de la tête.

ERASTE (d'un ton affectueux et serrant M. de Pourceaugnac contre son cœur).

Embrassez-moi donc, je vous prie, et resserrons les nœuds de notre ancienne amitié.

SBRIGANI (à M. de Pourceaugnac d'un ton bas et convaincu).

Voilà un homme qui vous aime fort.

ERASTE (d'un ton curieux et empressé).

Dites-moi un peu des nouvelles de toute la parenté. Comment se porte monsieur votre... là... qui est si honnête homme ?

M. DE POURCEAUGNAC (d'un ton naïf).

Mon frère le consul ?

ERASTE (d'un ton approbatif).

Oui.

M. DE POURCEAUGNAC (d'un ton de satisfaction).

Il se porte le mieux du monde.

ERASTE (d'un ton joyeux).

Certes, j'en suis ravi.

(Du ton d'un homme qui cherche à se rappeler).

Et celui qui est de si bonne humeur ? là... Monsieur votre...

M. DE POURCEAUGNAC (d'un ton empressé).

Mon cousin l'assesseur ?

ERASTE (d'un ton approbatif).

Justement.

M. DE POURCEAUGNAC (d'un ton allègre).

Toujours gai et gaillard.

ERASTE (d'un ton de contentement).

Ma foi, j'en ai beaucoup de joie.

(Du ton d'un homme qui cherche à se rappeler).

Et Monsieur votre oncle? le...

M. DE POURCEAUGNAC (d'un ton naïf).

Je n'ai point d'oncle.

ERASTE (d'un ton un peu décontenancé).

Vous aviez pourtant en ce temps-là...

M. DE POURCEAUGNAC (d'un ton naïf).

Non, rien qu'une tante.

ERASTE (du ton d'un homme qui se rattrape).

C'est ce que je voulais dire ; madame votre tante, Comment se porte-t-elle?

M. DE POURCEAUGNAC (d'un ton affligé).

Elle est morte depuis six mois.

ERASTE (d'un ton de condoléance).

Hélas! la pauvre femme ! elle était si bonne personne!

M. DE POURCEAUGNAC (d'un ton empressé).

Nous avons aussi mon neveu le chanoine, qui a pensé mourir de la petite vérole.

ERASTE (d'un ton de compassion).

Quel dommage ç'aurait été !

M. DE POURCEAUGNAC (d'un ton curieux).

Le connaissez-vous aussi?

ERASTE (d'un ton d'assurance).

Vraiment! si je le connais! Un grand garçon bien fait.

M. DE POURCEAUGNAC (d'un ton de réfutation).

Pas des plus grands.

ERASTE (du ton de quelqu'un qui se rattrape).

Non, mais de taille bien prise.

M. DE POURCEAUGNAC (d'un ton approbatif).

Eh! oui.

ERASTE (d'un ton d'assurance).

Qui est votre neveu?

M. DE POURCEAUGNAC (d'un ton approbatif).

Oui.

ERASTE (d'un ton de certitude).

Fils de votre frère | ou de votre sœur?

M. DE POURCEAUGNAC (d'un ton d'approbation).

Justement.

ERASTE (même ton que plus haut).

Chanoine de l'église de...

(Du ton d'un homme qui cherche).

Comment l'appelez-vous?

M. DE POURCEAUGNAC (d'un ton empressé).

De Saint-Etienne.

ERASTE (d'un ton approbatif).

Le voilà; je ne connais autre.

M. DE POURCEAUGNAC (à Sbrigani d'un ton étonné).

Il dit toute la parenté.

SBRIGANI (d'un ton malin).

Il vous connaît plus que vous ne croyez.

M. DE POURCEAUGNAC (d'un ton curieux).

A ce que je vois, vous avez demeuré longtemps dans notre ville ?

ERASTE (d'un ton affirmatif).

Deux ans entiers.

M. DE POURCEAUGNAC (d'un ton d'information).

Vous étiez donc là quand mon cousin l'élu fit tenir son enfant à Monsieur notre gouverneur?

ERASTE (d'un ton très assuré).

Vraiment oui ; j'y fus convié des premiers.

M. DE POURCEAUGNAC (d'un ton gai).

Ce fut galant.

ERASTE (d'un ton d'approbation).

Très galant.

M. DE POURCEAUGNAC (d'un ton de vanité).

C'était un repas bien troussé.

ERASTE (d'un ton louangeur).

Sans doute.

M. DE POURCEAUGNAC (d'un ton curieux).

Vous vîtes donc aussi la querelle que j'eus avec ce gentilhomme périgordin?

ERASTE (d'un ton d'assurance).

Oui.

M. DE POURCEAUGNAC (d'un ton de fierté).

Parbleu ! il trouva à qui parler!

ERASTE (d'un ton de matamore).

Ah, ah!

M. DE POURCEAUGNAC (d'un ton vaillant).

Il me donna un soufflet, mais je lui dis bien son fait.

ERASTE (d'un ton d'approbation).

Assurément.

(D'un ton aimable).

Au reste, je ne prétends pas que vous preniez d'autre logis que le mien.

M. DE POURCEAUGNAC (d'un ton de refus).

Je n'ai garde de...

ERASTE (d'un ton d'affabilité)

Vous moquez-vous?

Vous avez beau faire des façons

Je ne souffrirai point du tout que mon meilleur ami | soit autre part que dans ma maison.

M. DE POURCEAUGNAC (d'un ton confus).

Je ne puis accepter

Ce serait vous...

ERASTE (d'un ton pressant et presque fâché).

Non le diable m'emporte! vous logerez chez moi.

SBRIGANI (à monsieur de Pourceaugnac et d'un ton engageant).

Puisqu'il le veut absolument, je vous conseille d'accepter l'offre.

ERASTE (d'un ton curieux).

Où sont vos hardes ?

M. DE POURCEAUGNAC (d'un ton explicatif).

Je les ai laissées, avec mon valet, où je suis descendu.

ERASTE (d'un ton engageant).

Envoyez-les quérir par quelqu'un.

(M. DE POURCEAUGNAC (d'un ton de restriction).

Non; je lui ai défendu de bouger, à moins que j'y fusse moi-même, de peur de quelque fourberie.

SBRIGANI (d'un ton d'approbation).

C'est prudemment avisé.

M. DE POURCEAUGNAC (d'un ton malin).

Vous savez que

Ce pays-ci est un peu sujet à caution.

7.

ERASTE (d'un ton flatteur).

On voit les gens d'esprit en tout.

SBRIGANI (d'un ton aimable).

Soyez tranquille

Je vais accompagner monsieur, et le ramènerai où vous voudrez.

ERASTE (d'un ton approbatif).

Oui. Je serai bien aise de donner quelques ordres, et vous n'avez qu'à revenir à cette maison-là.

SBRIGANI d'un ton de déférence).

Nous sommes à vous tout à l'heure.

ÉRASTE (à M. de Pourceaugnac d'un ton affectueux).

Je vous attends avec impatience.

M. DE POURCEAUGNAC (à Sbrigani d'un ton étonné).

Voilà une connaissance où je ne m'attendais point.

SBRIGANI (d'un ton convaincu).

Il a la mine d'être honnête homme.

(Ils sortent.)

ERASTE (seul et d'un ton de menace).

Ma foi, M. de Pourceaugnac, nous vous en donnerons de toutes les façons.

J.-P. Molière

LA REMISE DE L'ÉTENDARD

MONOLOGUE PATRIOTIQUE

EN PROSE

De A. DELAUNAY [1]

Que de belles pages ont été écrites sur ce symbole : *Le Drapeau*.

D'abord le livre remarquable de Jules Claretie, rempli d'aperçus intéressants, d'anecdoctes touchantes, puis le joli conte d'A. Daudet. *Le Porte-Drapeau*, si simple et si émouvant ; une poésie de F. Coppée : *Pour le Drapeau*, qu'il est impossible de lire sans avoir les larmes aux yeux ; une autre poésie fort originale de Carcassonne : *Le Drapeau*, qui remue profondément tous ceux qui aiment cet emblème du courage et des vertus patriotiques, etc., etc.

La jolie nouvelle de M. A. de Launay est remplie de détails charmants.

C'est là une de ces bonnes et saines lectures qui font naître et développent en nous ces sentiments élevés : le respect du devoir et l'amour de la patrie.

Elle nous émeut d'autant plus que l'auteur a vaillamment porté l'épaulette et qu'il parle de l'armée en connaisseur.

---

1. *Culottes rouges*. P. Ollendorff, éditeur.

Né à Nevers en 1822, M. Henri A. de Launay a longtemps servi, c'est surtout un écrivain des mœurs militaires, mais cependant il a fait jouer au Théâtre Français une charmante comédie : *Adieu Paniers* et au Vaudeville un drame intime : *le Quinzième Hussards*. Il a publié un grand nombre de romans et de nouvelles *Mademoiselle Mignon*, *le Banquier des Voleurs*, etc.

C'est à ses œuvres littéraires que M. de Launay consacre ses loisirs, depuis qu'il a quitté l'épaulette de capitaine de cuirassiers.

Cette jolie nouvelle doit être dite avec beaucoup de simplicité, mais avec un ton très ému, surtout quand on dépeint la belle scène de la remise du *Drapeau* et celle *du départ à la diligence*.

(Dites d'un ton simple mais ferme).

Notre colonel était un vieux soldat | dont les débuts dataient des dernières guerres de l'empire.

(D'un ton fier et louangeur).

Ses états de service étaient d'un héros. Il avait tant laissé de sa chair et de son sang sur tous les champs de bataille,

Risquant sa vie en toute occasion,

Il avait vu si souvent la mort guetter son dernier souffle près d'un lit d'ambulance, que les soldats | émerveillés de le voir résister à de si horribles blessures, l'avaient surnommé *Trompe-la-Mort*.

(D'un ton élogieux).

Il avait accompli des prodiges | et eût facilement atteint les plus hauts grades | si les revers ne fussent arrivés.

(D'un ton de regret).

La Restauration | le laissa donc végéter dans son grade de capitaine et il fallut une nouvelle révolution— pour changer ses épaulettes.

(Relevez le ton et gaîment).

Mais on lui fit alors doubler les étapes, et en 1832, il fut nommé colonel d'un régiment de cavalerie légère | que l'on envoyait en Afrique.

(Détaillez le portrait avec fermeté).

Il était grand, robuste comme un chêne, tout blanc déjà à cette époque, et sa belle tête martiale aux tons bistrés, était éclairée par un regard d'une ardeur toute juvénile.

Très redouté des ennemis par sa valeur,

Les Arabes, qui, tant de fois, l'avaient vu, lui premier, enfoncer leurs rangs et passer sur eux, renversant tout | comme l'ouragan, n'avaient pas tardé à se tenir à une distance prudente du kébir blanc, comme ils l'appelaient.

(Avec feu et d'un ton vif).

Électrisés par son exemple, ses soldats en effet | se battaient ainsi que des lions.

(Avec un ton de respectueuse admiration).

L'étendard du régiment criblé de balles | comme

le chef, avait, comme lui | les plus glorieux états de service.

C'était un homme ferme et courageux,

Inutile d'ajouter qu'il é'ait bon.

(Avec un ton d'admiration).

Aussi fallait-il voir comme on servait dans son régiment.

(D'un ton ferme).

On le savait inexorable à l'endroit de la discipline, mais attristé, malheureux, quand par hasard | quelque cerveau brûlé | troublait la bonne harmonie de la famille.

Aussi, qu'arrivait-il : c'est que

Huit jours après leur incorporation, les conscrits étaient dressés par les anciens à ce respect des ordres | et à cette correction dans le service, pour l'amour de leur colonel.

(D'un ton doux et tendre).

Il faut dire que, s'il avait l'affection de tous les siens, il leur rendait bien amour pour amour.

Il les affectionnait tellement que,

Pour eux, il avait dit adieu | à tout ce qui eût pu faire le charme de sa vie.

(Détaillez bien gaiment le trait suivant).

Quand il revint en France, ses amis voulaient

le marier. Une jeune fille | fascinée par les récits qu'elle avait entendus de cette vie héroïque, s'était éprise de lui.

C'était fort bien, mais

Quand on proposa cette union au colonel :

(D'un ton brusque mais bon).

— Ah! la pauvre enfant! répondit-il, elle me croit donc libre ?

(D'un ton narquois).

Mais sans avoir jamais été marié, j'ai sept cent quatre-vingt-deux enfants à la situation d'aujourd'hui !... Tous mes soldats.

Qu'arrivera-t-il si je me marie?

Si je reste bon père, je serai mauvais époux; si je deviens bon époux, je serai mauvais père.

Cela est évident, et c'est pourquoi

Je refuse net !.

Vous comprenez aisément qu'

Après un si vaillant passé, on s'attendait bien à ce qu'on s'empressât de lui changer son régiment pour une brigade.

Mais chose incroyable,

Quand il fut question de le proposer pour général,

(D'un ton bougon et vexé).

il se débattit comme un diable | et demanda

si le ministre | était mécontent de la façon dont il conduisait son régiment.

(D'un ton de réfutation).

— Assurément non ! lui répondit-on.

(D'un ton bonhomme.)

— Eh bien ! alors, pourquoi veut-il m'enlever ma tutelle, si je n'ai pas failli à mes devoirs de tuteur ?...

Il n'accepta donc pas l'honneur qu'on voulait lui faire,

Et il resta à la tête de son régiment.

Cela marcha bien pendant quelques années,

Cependant, comme il approchait du cap de la soixantaine, il lui fallut bien se préparer à la séparation.

Il n'y avait plus moyen de l'éviter,

La loi qui n'admet pas d'exceptions, allait dans quelques mois | renvoyer, comme impuissant et sénile, cet homme en pleine vigueur, plus alerte et plus robuste | que les plus jeunes de ses escadrons.

Il ne voulait pas y penser, mais

Quand le temps arriva, quand la proposition pour la retraite fut faite,

Il ne pût se faire à cette idée.

cette pensée d'être jeté dans un monde inconnu, abandonné par tout ce qu'il avait aimé, surgit tout à coup à son cerveau, menaçante | et terrible; ce vieillard fut frappé de terreur, à l'idée de son isolement.

Lui qui adorait ses soldats,

Lui | qui commandait de haut, laissant à chacun sa part de responsabilité | et ne prodiguant pas ses visites au quartier, où l'arrivée du colonel | met tout en émoi,

Sachant que bientôt il ne les reverrait plus,

il fit plus fréquentes | ses apparitions au milieu de ses hommes, non pour leur faire sentir une surveillance plus active,

Il n'y songeait même pas,

mais pour se mêler à eux, pour causer et leur donner des conseils de patriotisme et d'honneur.

Comprenant pourtant qu'il fallait se résigner,

Il prit le dessus de cet abattement néanmoins. Il se fit tout d'un coup plus gai, plus expansif.

(Avec un ton de bonhomie et de résignation).

— Que voulez-vous ? mes enfants, disait-il aux officiers | qui exprimaient le regret de se séparer de lui; j'ai fait mon temps, il faut que les vieux fassent place aux jeunes !...

(D'un ton de réfutation affectueuse).

— Mais, mon colonel, vous êtes plus jeune que nous !...

(D'un ton approbatif et souriant).

— Certainement je ne suis pas impotent, j'ai tant aimé la jeunesse, voyez-vous, qu'elle aussi m'a aimé ; mais c'est égal, il faut faire une fin.

(Avec un ton de fière résignation).

Eh bien ! on va me fendre l'oreille, quoi !... je vous assure que j'en ai pris mon parti !

Je ne dois pas faire autrement que les autres,

Je vais retourner dans mon village, là-bas, dans les Vosges.

Là, je vais être à mon aise, et même

Avec ma solde de retraite, je serai un nabab dans mon pays ; j'emmène mon ordonnance, mon cheval qui prend ses invalides avec moi, et je serai heureux, chéri, dorloté | comme un prieur de grasse abbaye !...

Voulant faire croire à son indifférence,

Alors il fredonnait un air joyeux, mais d'une voix triste.

(Avec un ton d'affectueuse pitié).

— Pauvre homme, disaient les officiers ; cette chanson-là lui serre le cœur.

(D'un ton de regret).

Enfin | le jour fatal arriva

Selon l'usage,

Il fit ses adieux au régiment dans un bel ordre du jour.

Et cherchant à cacher son trouble,

Le soir, au punch, se raidissant contre la douleur qui l'étreignait, il fit tout pour ne laisser rien paraître de ses émotions.

Et cependant il souffrait bien car

Il devait partir le lendemain soir. La place était arrêtée à la diligence.

Tout cela l'affligeait certes, mais

L'épreuve la plus pénible | n'avait pas encore été subie.

Vous savez comme il aimait son étendard, eh bien

Ce jour-là, il devait faire porter chez le lieutenant-colonel, qui prenait le commandement | en attendant l'arrivée du nouveau titulaire, l'étendard du régiment.

Avez-vous bien compris ?

L'étendard, la sainte relique que, depuis quinze ans, il gardait dans sa chambre à lui, qu'il surveillait d'un œil jaloux, qui ne sortait de chez lui que pour flotter au centre du régiment.

(Dites, avec un ton d'exaltation).

L'étendard qu'il avait promené sur tant de champs glorieux | et sur les plis duquel étaient écrits, comme sur un livre d'or, les titres de noblesse du régiment, de la nation !

(Dites, d'un ton fier et chaud).

L'étendard que tout soldat vénère, qui est son clocher, bien plus, qui est la Patrie;

Enfin
                                                                    l'étendard,

(Avec un ton de vif regret).

il fallait s'en séparer.

Pour se préparer à cette cruelle cérémonie,

Depuis le matin, seul dans sa chambre, le colonel restait en contemplation | devant le glorieux emblème | qui lui disait toute son histoire;

Il songeait à ce glorieux passé,

et, dans son souvenir, repassaient rayonnants | les jours de lutte et d'héroïques efforts, ces jours où il avait tant fait pour l'honneur de son pays !

(D'un ton de plus en plus ému).

Et par instants, comme s'il eût parlé à ce muet témoin de ses combats, des mots s'échappaient de ses lèvres comme un murmure, tandis que ses yeux | se mouillaient de larmes.

(Reprenez le ton du récit un peu animé).

Un quart d'heure | avant l'heure indiquée pour la remise de l'étendard, un flot d'officiers | fit irruption dans la chambre du colonel.

Comprenant sa douleur,

On venait, par affection, pour le soutenir dans cette épreuve | qu'on savait devoir lui être cruelle.

(Dites ce qui suit en détaillant avec soin).

On sait que lorsque le drapeau du régiment doit sortir, on met à l'aller chercher | et à le reconduire chez le colonel, une solennité qu'explique le grand sentiment de Patrie et d'honneur | représenté par le fier emblème.

Et, comme marque de respect,

On lui donne une escorte de souverain.

(Dites d'un ton très digne et appuyez sur le mot final).

Et en effet, il est bien plus qu'un souverain car il est l'Honneur !

(Dites bien lentement et d'un ton simple).

L'escorte se rend en silence, sans bruit de trompettes, chez le commandant du régiment;

(Relevez la voix et d'un ton plus chaleureux).

ce n'est que lorsque l'étendard a paru devant la troupe, remis aux mains du porte-étendard,

(Avec beaucoup d'enthousiasme).

que les cavaliers présentent le sabre, les trompettes sonnent, la musique entame un chant guerrier.

Avec un ton noble et chaud.

Le drapeau qui apparaît, c'est le soleil, c'est la vie.

L'heure terrible avait sonné,

Il était midi. Le colonel, à sa fenêtre, regardait, anxieux, tourmenté, nerveux.

(Dites bien lentement et en détaillant).

Les deux premiers cavaliers d'avant garde, le pistolet au poing apparurent enfin | à l'extrémité de la rue; puis les quatre autres, puis les trompettes, puis la troupe.

Bien qu'ils allassent au pas.

Il semblait au colonel qu'ils arrrivaient au galop.

Quand le peloton fut arrivé devant la maison,

L'adjudant mit pied à terre, selon l'ordonnance, il monta, chez le colonel | pour prendre l'étendard | et le remettre à l'officier qui l'attendait à la porte, à cheval | entre deux maréchaux-des-logis décorés.

(D'un ton nerveux et sec).

Laissez! laissez! fit le colonel | avec un peu d'impatience; je vais le remettre moi-même.

Ayant dit cela, il sortit de chez lui,

Et bientôt, le beau vieillard en grand uniforme, parut sur le seuil de sa porte, l'étendard à la main.

Maîtrisant à peine son émotion,

Il était pâle et tremblait beaucoup.

(Dites avec un ton agité et nerveux).

Dans l'escalier, avant d'atteindre la porte sans faire attention aux officiers qui le suivaient,

(Avec peu de voix et un ton touchant).

il embrassa le drapeau | et dit :

(Avec un ton très ému).

Adieu camarade !

Et il prononça ces mots

Comme il eût dit le suprême adieu | à un compagnon d'armes.

Cependant, se remettant un peu,

Quand on eût fermé le banc,

Sentant qu'il avait un devoir à remplir,

il voulut parler à ses soldats.

Et malgré son émotion.

Il balbutia quelque mots.

(D'un ton bref, saccadé et avec des larmes dans la voix).

— Les anciens vous diront, jeunes gens, ce que nous en avons fait de cet étendard!... Malheur à celui de vous | qui y laisserait mettre une tache!...

(Baissez la voix et d'un ton de supplication).

Conservez-le bien, mes enfants, parce qu'il est l'honneur et la fierté de la Patrie...

(D'un ton très décidé et très ferme).

S'il faut mourir | pour le défendre d'une souillure... n'hésitez pas!... mourez!...

(D'un ton très vif et avec peu de voix).

Et puis | sa voix s'embarrassa, sa langue | ne

put plus articuler; un sanglot s'échappa malgré ses efforts,

Il détourna la tête pour cacher ses larmes,

et il remit précipitamment le dépôt au porte-étendard | qui, comme tout le monde, essuyait furtivement son œil mouillé.

Il était brisé par cette scène,

Ah! je n'en puis plus, dit le colonel, remontant enfin chez lui. Pardonnez-moi mes amis! C'est un déchirement!...

Que vous dirai-je,

Tout s'en va, tout sombre autour de moi!

(D'un ton plus affectueux).

Allez, mes braves compagnons...

Je n'ai plus qu'un conseil à vous donner :

Soyez pour votre nouveau colonel | ce que vous avez été pour moi!...

Comme vous le savez,

Il devait partir le soir.

Mais, chose attendrissante, voilà que

Sans ordres, sans préparations d'aucune sorte, les soldats se prévenant entre eux seulement,

(Appuyez bien sur ce qui suit).

tout le régiment, par un mouvement spontané, voulut encore lui dire adieu à la voiture.

(D'un ton très simple).

Et quand le colonel arriva | avec son ordonnance | dans la grande cour des Messageries,

(Avec un ton de stupéfaction et très lentement).

quelle ne fut pas sa surprise | en apercevant, rangés autour de la cour, comme pour une revue, les escadrons complets, les hommes sans armes, les officiers ayant pris leurs places de bataille.

Devant un spectacle si inattendu,

Il reçut un coup violent au cœur : ce témoignage d'affection si sincère et si unanime | le brisa ;

Un nuage passa sur ses yeux,

il trébucha et fut sur le point de tomber ; son ordonnance le soutint.

Ne cherchant pas même à cacher ses larmes,

Il pleurait franchement, sans souci des regards des bourgeois | attirés par cette manifestation ;

N'ayant pas la force de parler,

Il ne pouvait que murmurer :

(Avec des sanglots dans la voix).

— Oh ! mes amis !... mes enfants ! Oh !... mes chers enfants !...

En voyant son désespoir,

Un vieux sous-officier décoré, à trois chevrons, s'avança vers lui :

(D'une voix brusque, mais affectueuse).

Mon colonel, dit-il, puisque ça vous fait de la peine, — à nous aussi, croyez-le — pourquoi nous quittez-vous?

Rien ne vous y force,

La ville est assez grande | pour vous et pour nous!

En entendant ces mots,

Le colonel se redressa tout à coup, et prenant une résolution soudaine :

(D'un ton ferme et joyeux).

— Pierre, dit-il à son ordonnance, paye nos deux places | et ramène nos bagages à l'hôtel!... Je ne pars pas !...

En entendant le colonel parler ainsi,

Un hourra joyeux s'éleva de tous les rangs.

(Avec un ton de soulagement et de joie).

— Mes pauvres enfants, disait-il le soir aux officiers, vous me sauvez!...

Je puis vous le dire maintenant,

Je ne serais pas allé jusqu'à la première étape!...

(Avec un ton de prière).

Vous me recevrez bien encore quelquefois parmi vous n'est-ce pas?...

Ainsi se termina cet incident, puis

Pendant deux années encore, on vit notre colonel | dans notre petite garnison.

Heureux d'être au milieu de ses soldats, mais délicat par nature

Il vivait parmi nous discrètement, pour ne pas porter ombrage au nouveau commandant.

(Animez un peu ce qui suit).

Mais, à toute les revues, quand le régiment commençait à défiler, on voyait se détacher de la haie des curieux

(Avec un ton plus posé et plus grave).

un grand vieillard à barbe blanche | qui prenait place en avant de la foule.

(Avec un ton fier et digne).

Quand approchait l'étendard, le vieillard, redressant sa haute taille, un peu infléchie maintenant, retirait son chapeau

Pour montrer son respect,

et le tenait | comme un soldat son bonnet de police | quand il parle à un supérieur.

(D'un ton un peu malicieux).

Le porte-étendard, qui ne manquait pas de l'apercevoir, lui faisait en cachette, la galanterie d'un salut de l'étendard,

(Dites d'un ton vif et gai).

et le bon vieux | rentrait heureux chez lui.

Cela alla ainsi pendant quelque temps,

Puis le régiment | quitta la garnison.

Quant vint le jour du départ,

Le colonel, pour la dernière fois de sa vie, monta à cheval | et fit la conduite à la colonne de l'état-major | jusqu'à la première étape.

(Dites d'un ton bien triste et bien lent).

Le lendemain, il vit partir | et disparaître pour jamais | son cher étendard.

(Avec un ton navré).

Quand il l'eût perdu de vue, il rentra | abattu et désolé dans la ville,

(Dites bien bas).

qui lui parut funèbre | comme une nécropole.

Hélas! le pauvre homme!

Un mois après, il avait succombé à la douleur de la séparation.

Alphonse de Launay.

Culottes rouges, Paul Ollendorff, éditeur.

LES PETITS OISEAUX

COMÉDIE EN TROIS ACTES

De **MM. E. LABICHE** et **A. DELACOUR**

ACTE I, SCÈNE VIII
LÉONCE, BLANDINET, FRANÇOIS [1]

BLANDINET (venant de gauche et d'un ton de discussion).

Je te dis qu'ils ont raison... ils ne doivent pas payer les portes et fenêtres !

LÉONCE (d'un ton de réfutation).

Mais, mon père, c'est l'usage...

BLANDINET (d'un ton bonasse).

Je leur loue une maison... c'est pour qu'ils puissent entrer et sortir... il faut être logique !

---

1. Léonce, Blandinet, François.

FRANÇOIS (intervenant et tapant sur l'épaule de Blandinet).

Puisqu'on te dit que c'est l'usage...

BLANDINET (d'un ton surpris et content.)

Tiens ! François ! je ne te voyais pas... tu as fait bon voyage ?

FRANÇOIS (d'un ton satisfait).

Très bon !

(Ils se donnent la main).

BLANDINET (d'un ton de politesse.)

Et tout le monde va bien à Elbeuf ?

FRANÇOIS (d'un ton brusque et content.)

Pas mal... la draperie se ranime...

BLANDINET (d'un ton content).

Allons ! tant mieux !

LÉONCE (s'avançant vers François [1]).

Eh bien ! mon oncle... vous ne me reconnaissez pas ?

FRANÇOIS (du ton d'un homme qui reconnaît quelqu'un).

C'est Léonce !... mon neveu !

(Il lui serre la main.)

BLANDINET (d'un ton de remarque.)

Tu ne l'as pas vu depuis deux ans... et il a laissé pousser ses moustaches.

Blandinet, Léonce, François.

FRANÇOIS (d'un ton surpris et fâché).

Ah! tu l'as autorisé?...

BLANDINET (d'un ton bon enfant).

A quoi?... à laisser pousser ses moustaches? est-ce que ça me regarde?

FRANÇOIS (d'un ton de reproche).

Diable! tu fais bon marché de ton autorité. Et qu'est-ce que tu fais de ce grand garçon à moustaches?

BLANDINET (d'un ton satisfait).

Il est avocat!

LÉONCE (d'un ton joyeux).

Je suis avocat.

BLANDINET (même ton).

Comme son cousin.

FRANÇOIS (d'un ton bourru).

Plaide-t-il?

BLANDINET (d'un ton souriant [1]).

Oh! pas encore...

FRANÇOIS (d'un ton mécontent).

Ah ça! ils ne plaident donc pas les avocats à Paris!... A quoi l'occupes-tu?

BLANDINET (d'un ton bienveillant).

Dame!... il se promène... il va dans le monde, et

1. Léonce, Blandinet, François.

puis il m'aide à gérer mes propriétés, il a ma procuration.

FRANÇOIS (d'un ton narquois).

Ce n'est pas fatiguant!

LÉONCE (d'un ton vexé et à part).

De quoi se mêle-t-il?

FRANÇOIS (d'un ton doctoral).

Moi je pose en principe qu'à vingt ans un jeune homme est un homme... et ne doit plus rien coûter à ses parents!

BLANDINET (d'un ton de réfutation).

Comment! rien! avec quoi veux-tu qu'il vive?...

FRANÇOIS (d'un ton prétentieux).

Vois mon fils... à vingt ans et un jour, je lui ai coupé les vivre radicalement...

Voulant qu'il sache à quoi s'en tenir.

Je lui ai dit : tu es un homme... tire-toi d'affaires... et il s'en est tiré... il a pioché... il donne des leçons de droit... des répétitions... enfin il gagne de l'argent!

BLANDINET (d'un ton d'incrédulité).

Tu lui envoies bien quelques petites choses...

FRANÇOIS (d'un ton ferme et absolu).

Cinq louis à ma fête et cinq louis au jour de l'an... je les lui place sur ma maison, en lui tenant compte des intérêts à 10 pour 100... que je replace encore.

BLANDINET (d'un ton moqueur).

Ça lui fait une belle jambe !

FRANÇOIS (d'un ton suffisant et malin).

Il a bien tenté, la première année, de me tirer quelques carottes... il m'écrivait des histoires romanesques pour m'attendrir... je ne lui répondais que deux mots : « Je la connais celle-là !... à toi de tout cœur ! »

BLANDINET (d'un ton curieux).

Et il t'aime ?

FRANÇOIS (d'un ton d'assurance).

Comment s'il m'aime !... Et le tien ?... qu'est-ce que tu lui donnes par mois ?

LÉONCE (d'un ton mécontent et à part).

Il est indiscret, l'oncle d'Elbeuf !

BLANDINET (d'un ton bonhomme).

Mais dame !... ce qu'il me demande... nous ne comptons pas...

LÉONCE (d'un ton dégagé).

Quand je n'ai plus d'argent, je le dis à mon père...

FRANÇOIS (d'un ton railleur et répétant la phrase de Léonce).

Quand je n'ai plus d'argent je le dis à mon père... Ça doit bien aller... merci !

BLANDINET (d'un ton confiant).

Léonce est très raisonnable...

FRANÇOIS (d'un ton dramatique).

Quand mon fils est venu au monde, je lui ai ouvert un compte... le compte Tiburce... sais-tu ce qu'il m'a coûté depuis sa naissance?

BLANDINET (d'un ton de doute).

Non!

FRANÇOIS (d'un ton affirmatif)

Douze mille francs!

BLANDINET (d'un ton moqueur).

C'est pour rien... Tout compris?

FRANÇOIS (d'un ton brusque).

Tout... douze mille francs et quinze centimes d'un port de lettre pour lui annoncer que je ne lui enverrais plus rien.

BLANDINET (d'un ton de louange railleuse).

Mon compliment!... Léonce m'en coûte au moins le double...

FRANÇOIS (d'un ton de mépris).

Vingt-quatre mille francs! ça!

BLANDINET (d'un ton ému et bon).

Oh! je ne les regrette pas!... je me suis donné là un brave garçon... un ami!

LÉONCE (d'un ton affectueux).

Oh! oui!... et qui vous aime... qui vous respecte comme le meilleur, le plus doux, le plus irrésistible des pères !

FRANÇOIS (d'un ton moqueur et à part).

Je la connais celle-là... ça me crispe !...

(Haut.) Où est ma chambre ?

BLANDINET (d'un ton indifférent).

Toujours la même... près de mon cabinet. Ah ! Léonce ?

LÉONCE (d'un ton respectueux).

Mon père ?

BLANDINET (d'un ton de recommandation).

Prends ton chapeau et cours chez Durandet, mon agent de change... tu lui diras de me vendre vingt-cinq Lyon... au mieux.

LÉONCE (d'un ton approbatif).

Oui, mon père.

BLANDINET (d'un ton attentif).

En te pressant un peu, tu arriveras avant la fin de la Bourse.

LÉONCE (d'un ton approbatif).

Je vais prendre un fiacre...

(Saluant François).

Mon oncle ! Mademoiselle.

(Il aperçoit Laure qui entre, la salue et sort par le fond. Laure va s'asseoir au fond à gauche.)

SCÈNE XIII

LAURE, BLANDINET, FRANÇOIS [1]

FRANÇOIS (d'un ton curieux).

Tiens ! tu vends des Lyon... est-ce que tu crois à la baisse ?

BLANDINET (d'un ton insouciant).

Moi ? non... mais j'ai besoin de cinquante mille francs.

FRANÇOIS (d'un ton interrogatif).

Ah !

BLANDINET (d'un ton sérieux).

J'ai promis de les prêter à un ami...

FRANÇOIS (d'un ton stupéfait).

Plaît-il ?

BLANDINET (appuyant sur ce qu'il dit).

Un vieux camarade....

FRANÇOIS (d'un ton d'incrédulité et de blâme).

Ce n'est pas possible ! tu deviens fou !...

---

1. Laure assise au fond et travaillant, Blandinet, François.

BLANDINET (d'un ton étonné).

Pourquoi ?

FRANÇOIS (d'un ton ahuri).

Cinquante mille francs... Qu'est-ce que c'est que cet ami ?

BLANDINET (d'un ton d'abandon, puis se reprenant).

Eh bien ! c'est... non je ne peux pas le nommer,

FRANÇOIS (d'un ton bourru).

Quelque intrigant, quelque escroc !

BLANDINET (d'un ton de blâme).

François ! voyons !... tais-toi !

FRANÇOIS (d'un ton inquiet).

Te donne-t-il une hypothèque au moins ?...

BLANDINET (d'un ton de mauvaise humeur).

Puisque je te dis que c'est un ami...

FRANÇOIS (d'un ton colère).

Tiens ! tu m'exaspères avec ton ami !

BLANDINET (d'un ton de pitié).

Si tu connaissais sa situation...

FRANÇOIS (d'un ton goguenard et mécontent)

Je n'ai pas besoin de la connaître... je la vois d'ici... on sera venu te faire une histoire bien bête, bien épaisse... un quartier de mélodrame tout cru !...

(D'un ton de blâme).

et tu l'as avalé comme une tasse de lait ! imbécile, va !

BLANDINET (d'un ton fâché).

Ah ! mais !

FRANÇOIS (appuyant et d'un ton railleur).

Oui, imbécile ! Tu crois tout ! tu gobes tout ! tu le laisses gruger par un tas de mendiants !

BLANDINET (d'un ton de résolution).

Je ne me laisse gruger par personne... et quand il le faut je suis aussi ferme que toi...

(Avec un ton sévère).

Ce matin encore, j'ai secoué un locataire !...

FRANÇOIS (d'un ton narquois).

Oui, comme tu secouais les ouvriers, quand nous étions associés à Elbeuf.

BLANDINET (d'un ton d'assurance).

Eh bien ! mais !... il me semble que...

FRANÇOIS (d'un ton explicatif).

Je me méfiais de toi aussi,

J'avais placé sous ta surveillance l'atelier des enfants... comme étant le plus facile à conduire...

BLANDINET (d'un ton de justification).

Eh ! qu'est-ce que tu veux ? ça m'attristait de

voir ces pauvres petits travailler dix heures par jour à dévider des bobines...

FRANÇOIS (d'un ton moqueur et imitant le ton bonasse de Blandinet).

Et alors tu leur disais : Reposez-vous mes enfants ! Ne travaillez pas tant !... la santé avant tout !

BLANDINET.

J'étais trop bon,

C'est possible !... mais je savais me faire écouter !

FRANÇOIS (d'un ton bourru).

Parbleu !... on t'écoutait tellement... que nous perdions deux cents francs par jour !

BLANDINET (d'un ton vexé).

Tu exagères...

FRANÇOIS.

Non, non, je dis ce qui est,

Et j'ai été obligé de te renvoyer à Paris... toi et ton bon cœur.

BLANDINET (d'un ton ferme).

Tu as beau dire... les ouvriers m'ont regretté là-bas...

FRANÇOIS (entre les dents).

Oui... comme l'âne regrette sa litière.

BLANDINET d'un ton fâché).

L'âne !... François !

FRANÇOIS (d'un ton moqueur).

Et une fois revenu à Paris... Monsieur a pris la mouche! Monsieur s'est retiré de l'association!

BLANDINET (du ton d'un homme qui se défend).

Du tout! je n'ai pas pris la mouche! mais j'ai réfléchi, je suis rentré en moi-même... et j'ai reconnu que je ne pouvais pas continuer à m'engraisser de la sueur...

FRANÇOIS (d'un ton railleur).

Ah! très joli! Tu fais des phrases maintenant... comme tous les gens retirés des affaires!... Eh bien! moi, j'ai continué à m'engraisser tout seul...

Je me suis enrichi

et au lieu de vivoter comme toi | avec vingt-cinq pauvres petites mille livres de rentes...

BLANDINET.

Mais que veux-tu?

Si j'en trouve assez!...

FRANÇOIS (Toujours même ton de moquerie).

Oui, tu iras loin... avec un cœur qui fuit de tous les côtés.

BLANDINET (d'un ton ennuyé).

Chacun son goût... mais je ne dîne pas avec plaisir | quand je sais qu'il y a près de moi des gens qui ont faim!

FRANÇOIS (d'un ton brusque).

Allons donc ! est-ce qu'on a faim ? Qui est-ce qui a faim ?

BLANDINET (d'un ton naïf).

Ceux qui n'ont pas de quoi manger !... mais hier.. pas plus tard qu'hier...

(Avec un ton important.)

car vous ne savez pas ça à Elbeuf... j'ai rencontré, rue de Trévise, un pauvre diable qui n'avait pas mangé depuis cinq jours...

FRANÇOIS (d'un ton narquois).

Il te l'a dit ?

BLANDINET (d'un ton embarrassé),

Il me l'a dit... non ! il me l'a avoué péniblement !...

FRANÇOIS (même ton narquois).

Et tu lui as donné ?

BLANDINET (d'un ton affirmatif).

Probablement !...

FRANÇOIS (d'un ton simple et positif).

Eh bien ! tu as été refait...

(Mouvement de Blandinet.)

D'abord on ne peut pas vivre cinq jours sans manger...

BLANDINET (d'un ton vexé).

Qu'en sais-tu ? l'as-tu essayé ?

FRANÇOIS (d'un ton embarrassé).

Non.

BLANDINET (même ton vexé).

Eh bien ! essaie-le !

FRANÇOIS.

Laisse-moi donc tranquille,

Il fallait lui acheter une livre de pain à ton petit ami... et tu aurais vu !..

BLANDINET (d'un ton irrité).

Quoi ?

FRANÇOIS (d'un ton convaincu).

Il t'aurait envoyé promener... je la connais celle-là !

BLANDINET (d'un ton moqueur).

Oh ! tu les connais toutes, toi !... il a tout dit quand il a dit ça !... Qu'un ami...

(D'un ton ému.)

un vieil ami de quarante ans | vienne vous confier ses embarras... ses chagrins... au lieu de lui tendre la main, de le sauver... on lui répond :

(Singeant François.)

« Je la connais celle-là ! »
Un malheureux vous accoste dans la rue... « Je la connais celle-là ! »

(D'un ton de reproche.)

Enfin on n'a qu'un enfant... un fils... on le lance sans ressources sur le pavé de Paris... et quand le pauvre petit diable, humilié, rapé, affamé peut-être... obéissant à son instinct d'enfant... se tourne vers son père... on lui écrit : « Je la connais celle-là !... » Et on porte quinze centimes à son compte !...

Oh! je le sais bien,

Ce n'est pas cher... Mais c'est vilain! c'est laid! et tu me feras croire à la fin que tu n'es qu'un...

(Blandinet s'arrête.)

FRANÇOIS (d'un ton narquois).

Un quoi? va donc!

BLANDINET (va pour parler puis s'arrête).

Non!... je ne veux pas le dire... parce que ça te ferait de la peine !...

FRANÇOIS (le regardant, puis d'un ton narquois).

As-tu fini?

BLANDINET (d'un ton très simple).

Oui.

FRANÇOIS (d'un ton très naturel).

Eh bien! allons dîner maintenant... chez Brébant... Je vais embrasser ta femme et lui dire que je t'emmène.

BLANDINET (d'un ton à moitié décidé).

Je veux bien aller chez Brébant... parce qu'on y dîne bien... mais...

FRANÇOIS (d'un ton doctoral).

Oh ! ne discutons pas !... Pour moi le monde se divise en deux... côté des gens qu'on attrape... côté de ceux qu'on n'attrape pas...

C'est fort simple, eh bien,

Nous n'habitons pas le même compartiment... voilà tout !

BLANDINET (d'un ton enchanté).

Je m'en flatte !

FRANÇOIS (d'un ton moqueur).

Mais j'en suis pour ce que j'ai dit...

Tu peux être assuré qu'

Avec tes grands mots et ta sensiblerie... Tu ne seras jamais qu'un imbécile !

(Il sort à droite.)

BLANDINET (d'un ton vexé).

Un imbécile !

SCÈNE XIV

LAURE, BLANDINET

LAURE (qui a écouté, va vers Blandinet et lui dit d'un ton approbatif et tendre

Et moi je vous dis que vous êtes... et que vous serez toujours un brave homme.

(Se jetant dans ses bras et avec un ton de bonté).

Ah ! tenez ! embrassez-moi !

BLANDINET (d'un ton très affectueux et embrassant Laure).

Chère petite !... tu as entendu ?...

LAURE (d'un ton sincère et doux).

Oui... continuez à croire le bien... continuez à le faire... soyez du côté de ceux qu'on attrape... c'est le bon, quoi qu'on en dise...

BLANDINET (d'un ton ravi).

A la bonne heure !

LAURE (d'un ton de persuasion).

Que vous importe la reconnaissance ?... le bien fait n'est pas un placement...

BLANDINET (d'un ton approbatif).

Parbleu !

(A part et regardant vers la porte où François est sorti.)

Je suis fâché que François soit parti...

LAURE (d'un ton encourageant).

Tenez, moi... je nourris tous les petits oiseaux de mon quartier.

BLANDINET (d'un ton surpris).

Vraiment?

LAURE (d'un ton explicatif).

Oui... je leur jette du pain tous les matins sur mon balcon...

Afin qu'ils souffrent moins

L'hiver, j'écarte avec soin la neige | pour les préserver du froid... l'été, je dispose des arbustes qui les protègent contre le soleil... Eh bien ! vous croyez qu'ils m'en savent gré?...

(D'un ton joyeux.)

Du tout !... dès que j'ouvre ma fenêtre, les ingrats s'envolent... quelques-uns même me donnent des coups de bec...

BLANDINET (révolté).

Ah ?

LAURE (d'un ton de bonté).

Mais je ne leur demande pas de reconnaissance... ils ne m'en doivent pas...

Je ne vois qu'une chose, moi,

ce sont des créatures de Dieu qui ont faim, et je suis trop heureuse de pouvoir les nourrir... Vous avez vos petits oiseaux... chacun a les siens.

BLANDINET (d'un ton ému et tendre).

Oh ! cher petit ange... que je t'embrasse encore.

(Il l'embrasse et s'essuie, les yeux.)

FRANÇOIS (entrant à part et d'un ton étonné).

Le voilà qui pleure, à présent !

(Toussant très fort.)

Hum !

LAURE (poussant un cri et à part à Blandinet d'un ton d'encouragement).

Oh !... adieu, M. Blandinet ! continuez à aimer les petits oiseaux... continuez ! continuez !

(Elle sort à gauche.)

SCÈNE XV

BLANDINET, FRANÇOIS

FRANÇOIS

Allons nous mettre à table...

(Se ravisant et tendant une lettre à Blandinet).

Ah ! tiens ! une lettre que ma femme m'a dit de te donner.

BLANDINET (d'un ton surpris).

Une lettre ?

(L'ouvrant et d'un ton attendri).

Ah ! mon Dieu ! les malheureux !

FRANÇOIS (d'un ton goguenard).

Qu'y a-t-il encore !

BLANDINET (d'un ton victorieux).

Ah ! tu dis qu'on ne meurt pas de faim... écoute

(Lisant d'un ton ému).

« Je m'adresse à vous, connaissant votre bon
« cœur... »

FRANÇOIS (d'un ton naïf et convaincu).

Une carotte !

BLANDINET (continuant en s'attendrissant de plus en plus).

« Je suis sans travail... »

FRANÇOIS (d'un ton de reproche).

Paresseux !

BLANDINET (toujours ému et touché).

« Mon père est aveugle, ma mère paralysée,
« j'ai de plus trois petits enfants au berceau qui
« me demandent du pain...

FRANÇOIS (à part et d'un ton moqueur).

Au berceau... ils parlent de bonne heure !

BLANDINET (pleurant presque).

« Nous laisserez-vous dans la peine, vous dont
« l'âme est si généreuse ? Simonet, rue du Contrat
« social, 15 bis, au septième, l'échelle à droite... »
On monte chez eux par une échelle.

FRANÇOIS (ironiquement).

Ce n'est pas commode pour le père aveugle !

BLANDINET (convaincu, de bonne foi).

Et la mère paralysée...

(Lisant).

« Post-scriptum. Laissez la réponse chez le concierge. »

(Tirant sa bourse).

Pauvres gens !

FRANÇOIS (d'un ton railleur).

Comment, tu gobes ça, toi ?

BLANDINET (d'un ton très convaincu).

Oh ! on n'invente pas ces choses-là ?... un père aveugle... une échelle... une mère paralysée... D'ailleurs ce sont mes petits oiseaux... chacun a les siens !

FRANÇOIS (d'un ton d'ahurissement).

Qu'est-ce que tu chantes ?

BLANDINET (se reprenant).

C'est juste... tu n'étais pas là... crois-tu que quarante francs ?...

FRANÇOIS (d'un ton moqueur).

Laisse-moi donc tranquille !... Tiens ! je te fais un pari !...

BLANDINET (d'un ton surpris).

Un pari?

FRANÇOIS (d'un ton affirmatif).

C'est qu'il n'y a pas un mot de vrai dans cette lettre!

BLANDINET (d'un ton de réfutation).

Allons donc!... Eh bien soit! je veux te convaincre au moins une fois... qu'est-ce que nous parions?

FRANÇOIS (d'un ton bourru).

Notre dîner chez Brébant, allons d'abord le manger.

BLANDINET (d'un ton de refus).

Oh! non! je ne pourrais pas dîner avec cette lettre-là dans ma poche... allons d'abord voir ces pauvres gens!

FRANÇOIS (d'un ton de condescendance).

Soit! allons-y! mais c'est toi qui payeras!

(D'un ton narquois).

L'échelle au septième étage... ça me paraît louche!

BLANDINET (d'un ton de pitié).

Le malheureux, il ne croit même pas à la mansarde.

(Ils sortent par le fond.)

Les Petits Oiseaux.

E. LABICHE ET DELACOUR.

1. Dentu, éditeur, 13 et 17, galerie d'Orléans.

LES LENTILLES UNIVERSITAIRES

RÉCIT

De M. JULES CLARETIE

Nous finissons par nous lasser de tout, même des meilleures choses à plus forte raison de celles qui ne sont ni belles, ni bonnes ; mais ce qu'il y a de plus curieux, c'est que bien souvent nous dédaignons ce que nous avons, pour prendre des choses analogues, et quelquefois même de plus mauvaises.

L'auteur de ce spirituel récit a voulu prouver qu'il en est de même en politique, et, que, d'ordinaire, on ne chasse un gouvernement que pour en prendre un pire. Cela peut sembler vraisemblable ; mais ce qui est certain, c'est que depuis un siècle chaque changement gouvernemental a forcément amené un progrès, et que, si nous *mangeons toujours les mêmes lentilles* ; elles sont mieux accomodées aujourd'hui et par conséquent plus agréables à avaler.

Il faut dire cette annecdote avec beaucoup de simplicité, prendre le ton de la conversation gaie et animée, détailler avec esprit les révoltes du collégien, son parti pris de résister, son orgueil en quittant le collège et sa déception en retrouvant chez ses parents le même plat qu'il ne voulait plus supporter au réfectoire.

On dira avec finesse la conclusion, on détachera avec bonhommie et un ton de philosophie résignée la dernière phrase du récit.

Nous ne voulions plus supporter le régime du collège.

Nous étions 107, oui 107 qui avions fermement résolu de ne plus manger de lentilles !

Que voulez-vous ?

Nous n'avions pas les goûts d'Esaü.

(Avec un ton de mécontentement).

Nous trouvions qu'à la fin, on nous étouffait sous les lentilles.

C'était révoltant,

Toujours des lentilles, et encore des lentilles.

Pour en finir une bonne fois,

Les 107 firent le serment de prendre toutes les lentilles qu'on nous servirait, et de les jeter, comme une protestation matérielle, à travers le réfectoire.

La conspiration allait à merveille et

Notre cri de ralliement devait être tout naturellement :

(D'un ton décidé).

« A bas les lentilles. »

Ceci étant bien résolu,

Nous allons au réfectoire, nous demandons au garçon s'il y avait des lentilles ?

(Appuyez avec un ton d'horreur).

Il y avait des lentilles !

Alors, tout naturellement,

Échange de regards entre les conjurés.

(Avec un ton de sourde menace.)

Ah ! on veut nous contraindre au supplice des lentilles ! Eh bien ! on va voir, les lentilles !

Sur ces entrefaites,

Les lentilles arrivent toutes fumantes | et nageant dans leur sauce brune.

(D'un ton froid et mystérieux.)

Nous les laissons venir. On nous sert.

(Avec un ton ferme et résolu.)

Et, dès que les lentilles ont passé du plat dans les assiettes,

(D'un ton de violente irritation).

Un grand cri retentit dans le réfectoire, un cride colère | poussé par les 107 poitrines des 107.

(Avec un ton de rage).

« A bas les lentilles ! »

Nous saisissons vivement nos assiettes

Et les lentilles volent | comme une noble mitraille | à travers le réfectoire maculé de légumes.

C'était vraiment épique !

Il faudrait pour chanter cette bataille | l'auteur du Lutrin.

Après une action si héroïque,

Nous sortons du réfectoire | enflammés d'enthousiasme. On se répand dans les cours, la Marseillaise des Lentilles retentit.

Mais devant cette révolte,

Le proviseur accourt, le censeur arrive, on nous harangue, nous parlementons.

(D'un ton de menace, mais avec la voix grave d'un supérieur.)

— Que voulez-vous ?

(D'un ton résolu et digne.)

— Nous ne voulons plus de lentilles ! Plutôt la mort que les lentilles ! Plus de lentilles ! A bas les lentilles !

Vous comprenez que devant cet éclat,

Le proviseur voulut faire un exemple.

(D'un ton naïf.)

Peut-être aimait-il les lentilles?

Je ne sais pas, mais

Ce qui est certain | c'est qu'il n'aimait pas les révoltes.

Et pour les empêcher à l'avenir,

Il décima les 107.

Ne pouvant les chasser tous,

On prit au hasard | et on les renvoya dans leur famille.

(D'un ton noble et fier).

J'en étais : je me rappelle encore avec quelle dignité, je fis mon paquet | et pliai noblement ma tunique.

J'étais content de moi

On me chassait, soit ! mais je n'avais point transigé, je n'avais point mangé de lentilles !

(D'un ton piteux).

Je sors, j'arrive chez moi. On était à table. Mes parents dînaient.

(D'un ton surpris).

— « Qui est là? Comment toi? Qu'est-ce qu'il y a donc?

(D'un ton confus).

— Chassé !

(D'un ton de fureur).

— Ah ! garnement ! Mais as-tu mangé ?

(D'un ton piteux).

— Non !

(D'un ton de mauvaise humeur).

— Mets-toi à table, malheureux, nous nous expliquerons après !

(Reprenez très simplement).

Et comme j'avais faim, je me mis à table en toute hâte.

(D'un ton de stupéfaction).

Or, savez-vous ce qui m'attendait chez mon père, et quel plat | la vieille cuisinière apporta devant mes yeux stupéfaits ?

Vous devinez n'est-ce pas ?

Eh bien ! oui, des lentilles ! un plat de lentilles

(Avec un ton ironique et vexé).

Je retrouvais chez mes parents | ce que je fuyais et maudissais au collège.

Que voulez-vous ? il fallait se résigner

On me servit des lentilles ! et j'en mangeai !

(D'un ton d'étonnement).

Et je rougis de l'avouer, je les trouvai même succulentes.

(Avec un ton de philosophie bonasse).

Depuis, je me suis toujours dit que l'affaire des lentilles | était la conclusion véritable de toutes les révolutions.

Il faut bien le reconnaître,

On fait une émeute pour fuir les lentilles | et on est condamné à les avaler.

C'est triste à dire, mais

La sauce varie à peine.

Il est vrai que

Le plat | change parfois de forme, mais ce sont toujours des lentilles, et, pour changer de lentilles,

(Avec un ton de résignation naïve).

mieux vaut encore se contenter de celles qu'on nous sert.

Jules CLARETIE.

LES FOURBERIES DE SCAPIN

COMÉDIE EN TROIS ACTES

De MOLIÈRE

SCÈNE DE LA GALÈRE

En faisant jouer les *Fourberies de Scapin*, Molière n'a pas eu l'intention de donner une œuvre morale, mais il a pris plaisir, étant arrivé à l'apogée de son talent et de sa réputation, à rechercher dans ces types de la Comédie italienne, qu'il avait étudiés à ses débuts, quelques-uns de ces caractères étranges et fantasques, et à les placer dans une œuvre essentiellement comique, qui devait plaire au public, toujours enclin à se moquer des vieillards ridicules, et à approuver les valets fripons qui les dupent et les trompent.

On a prétendu, non sans quelque raison que Molière s'était inspiré du *Pédant joué* de Cyrano de Bergerac, de la *Sœur* de Rotrou et du *Phormion* de Térence, ainsi que de plusieurs comédies italiennes, particulièrement de l'*Emilie* de Grotto : cela est incontestable, mais toutes ces œuvres ne sont plus jouées, ne sont même plus lues que par quelques érudits, et *les Fourberies de Scapin* divertissent encore tous les soirs le public du Théâtre Français, qui revoit avec plaisir les ruses, les malices et les expédients de ce valet, le digne successeur du Mascarille de *l'Étourdi*.

Pourquoi excuse-t-on si facilement Scapin de duper *Argante* et *Géronte*? c'est que ces deux pères sont avares et que ce vice paraît toujours odieux au public.

Après avoir tracé Harpagon de main de maître, Molière nous fait voir dans les deux vieillards des *Fourberies*, deux types nouveaux, d'avares habilement dépeints.

D'abord cet Argante poltron, qui ne recule pas devant les difficultés d'un procès, et ne consent à donner quelque argent pour tirer son fils d'un mauvais pas, que lorsqu'il a peur d'être tué par Sylvestre, déguisé en Matamore.

Puis ce Géronte, plus ladre encore et se faisant si fort tirer l'oreille pour délivrer son fils qu'il croit esclave des Turcs.

Cette scène entre Géronte et Scapin est sans contredit l'une des plus amusantes qui aient été trouvées par notre grand poète comique, et la répétition du : *Que diable allait-il faire dans cette galère* produit un effet de rire irrésistible.

Il faut dire cette scène avec beaucoup de verve et d'humeur, rendre le personnage de Géronte en le faisant très bougon, très affligé d'être obligé de lâcher son pauvre argent, rendre celui de Scapin avec beaucoup de brio, d'esprit et de verve.

ACTE II, SCÈNE XI
GÉRONTE, SCAPIN [1]

SCAPIN (il court sur la scène en faisant de grands bras et en faisant semblant de ne pas voir Géronte).

O ciel !

(Avec un ton désespéré).

ô disgrâce imprévue ! ô misérable père !

1. Scapin, Géronte.

Pauvre Géronte ! que feras-tu ?

GÉRONTE (à part, d'un ton inquiet et étonné).

Que dit-il là de moi, avec ce visage affligé[1] ?

SCAPIN (d'un ton pleurard et toujours courant).

N'y a-t-il personne qui puisse me dire où est le seigneur Géronte ?

GÉRONTE (cherchant à arrêter Scapin qui lui échappe et d'un ton ému[2]).

Qu'y a-t-il Scapin ?

SCAPIN (courant sur le théâtre sans vouloir entendre ni voir Géronte et d'un ton affligé).

Où pourrai-je le rencontrer pour lui dire cette infortune ?

GÉRONTE (courant après Scapin qui lui tourne le dos et d'un ton impatienté[3]).

Qu'est-ce que c'est donc ?

SCAPIN (toujours courant devant Géronte et d'un ton plaintif).

En vain je cours de tous côtés | pour le pouvoir trouver.

GÉRONTE (suivant toujours Scapin et d'un ton essoufflé[4]).

Me voici !

1. Géronte, Scapin.
2. Scapin, Géronte.
3. Géronte, Scapin.

SCAPIN (même jeu, d'un ton étonné et finissant par se cogner avec Géronte en se retournant).

Il faut qu'il soit caché en quelque endroit | qu'on ne puisse point deviner.

GÉRONTE (Arrêtant Scapin qui se retourne et d'un ton de colère).

Holà ! es-tu aveugle que tu ne me vois pas ?

SCAPIN (en face de Géronte et d'un ton très naturel).

Ah ! Monsieur, il n'y a pas moyen de vous rencontrer !

GÉRONTE (d'un ton de mécontentement.)

Il y a une heure que je suis devant toi. Qu'est-ce que c'est donc qu'il y a ?

SCAPIN (d'un ton désolé).

Monsieur...

GÉRONTE (d'un ton étonné).

Quoi ?

SCAPIN (même ton que plus haut).

Monsieur votre fils...

GÉRONTE (d'un ton inquiet).

Eh bien mon fils...

SCAPIN (d'un ton désespéré).

Est tombé dans une disgrâce | la plus étrange du monde.

GÉRONTE (d'un ton curieux et craintif).

Et quelle ?

1. Scapin, Géronte.

SCAPIN (commençant le récit assez naturellement).

Je l'ai trouvé tantôt tout triste | de je ne sais quoi que vous lui avez dit,

(Détaillez malicieusement l'incidente).

où vous m'avez mêlé assez mal à propos ; et cherchant à divertir cette tristesse, nous nous sommes allés promener sur le port.

(D'un ton plus gai).

Là, entre autres plusieurs choses, nous avons arrêté nos yeux sur une galère turque | assez bien équipée.

Comme nous étions à la considérer,

Un jeune Turc de bonne mine nous a invités d'y entrer | et nous a présenté la main.

N'ayant aucune défiance,

Nous y avons passé. Il nous a fait mille civilités,

Commençant à pleurer).

nous a donné la collation, où nous avons mangé des fruits | les plus excellents qui se puissent voir, et bu du vin |

(Finissant avec des sanglots).

que nous avons trouvé le meilleur du monde.

GÉRONTE (d'un ton étonné).

Qu'y a-t-il de si affligeant à tout cela ?

SCAPIN (reprenant haleine et toujours d'un ton désolé).

Attendez, Monsieur, nous y voici. Pendant que nous mangions, il a fait mettre la galère en mer ;

(Détaillez bien ce qui suit).

et, se voyant éloigné du port, il m'a fait mettre dans un esquif, et m'envoie vous dire que si vous ne lui envoyez par moi, tout à l'heure, cinq cents écus, il va vous emmener votre fils en Alger.

GÉRONTE (d'un ton surpris et effrayé).

Comment, diantre ! cinq cents écus !

SCAPIN (d'un ton très affirmatif).

Oui, Monsieur, et, de plus, il ne m'a donné pour cela que deux heures.

GÉRONTE (d'un ton désespéré).

Ah ! le pendard de Turc ! m'assassiner de la façon !

SCAPIN (d'un ton un peu pressant).

C'est à vous, Monsieur, d'aviser promptement aux moyens de sauver des fers | un fils que vous aimez avec tant de tendresse.

GÉRONTE (d'un ton mécontent).

Que diable allait-il faire dans cette galère?

SCAPIN.

Ah que voulez-vous?

Il ne songeait pas à ce qui est arrivé.

GÉRONTE (du ton d'un homme qui a trouvé le moyen de sortir d'embarras).

Va-t'en, Scapin, va-t'en vite dire à ce Turc | que je vais envoyer la justice après lui.

SCAPIN (d'un ton de moquerie).

La justice en pleine mer ! vous moquez-vous des gens ?

GÉRONTE (d'un ton plus mécontent).

Que diable allait-il faire dans cette galère ?

SCAPIN.

Mais ce n'est pas sa faute, et puis vous savez,

Une méchante destinée | conduit quelquefois les personnes.

GÉRONTE (d'un ton doux et hypocrite).

Il faut, Scapin, il faut que tu fasses ici | l'action d'un serviteur fidèle.

SCAPIN (d'un ton quelque peu méfiant).

Quoi, Monsieur ?

GÉRONTE (d'un ton engageant).

Que tu ailles dire à ce Turc qu'il me renvoie mon fils, et que tu te mettes à sa place | jusqu'à ce que j'aie amassé la somme qu'il me demande.

SCAPIN (d'un ton de refus).

Eh ! Monsieur, songez-vous à ce que vous dites?

10.

(D'un ton railleur.)

et vous figurez-vous que ce Turc ait si peu de sens | que d'aller recevoir un misérable comme moi | à la place de votre fils ?

GÉRONTE (d'un ton irrité).

Que diable allait-il faire dans cette galère ?

SCAPIN.

Ah! que voulez-vous ?

Il ne devinait pas ce malheur.

(D'un ton pressant).

Songez, Monsieur, qu'il ne m'a donné que deux heures.

GÉRONTE (se calmant un peu et d'un ton curieux).

Tu dis qu'il demande...

SCAPIN (d'un ton naturel).

Cinq cents écus.

GÉRONTE (d'un ton affligé).

Cinq cents écus ! n'a-t-il point de conscience ?

SCAPIN (d'un ton naïf).

Vraiment oui, de la conscience, à un Turc !

GÉRONTE (d'un ton irrité).

Sait-il bien ce que c'est que cinq cents écus ?

SCAPIN (d'un ton très simple).

Oui, Monsieur, il sait que c'est mille cinq cents livres.

GÉRONTE (d'un ton de plus en plus irrité).

Croit-il, le traître, que mille cinq cents livres se trouvent dans le pas d'un cheval ?

SCAPIN.

Dame! que voulez-vous ?

Ce sont des gens qui n'entendent point de raison :

GÉRONTE (d'un ton furieux).

Mais que diable allait-il faire dans cette galère ?

SCAPIN (d'un ton un peu embarrassé).

Il est vrai, mais quoi ! on ne prévoyait point les choses !

(D'un ton très pressant).

De grâce, Monsieur, dépêchez.

GÉRONTE (se calmant encore et d'un ton de regret).

Tiens voilà la clef de mon armoire.

SCAPIN (d'un ton joyeux).

Bon.

GÉRONTE (même ton que plus haut).

Tu l'ouvriras.

SCAPIN (toujours gaîment).

Fort bien.

GÉRONTE (d'un ton explicatif).

Tu trouveras une grosse clef, du côté gauche, qui est celle de mon grenier.

SCAPIN (ton approbatif).

Oui.

GÉRONTE (d'un ton assez satisfait).

Tu iras prendre toutes les hardes qui sont dans cette grande manne, et tu les vendras aux fripiers | pour aller racheter mon fils.

SCAPIN (en lui rendant la clef et d'un ton vexé).

Eh ! monsieur, rêvez-vous ? Je n'aurai pas cent francs de tout ce que vous dites; et de plus, vous savez le peu de temps qu'on m'a donné.

GÉRONTE (d'un ton pleurard).

Mais que diable allait-il faire dans cette galère ?

SCAPIN (d'un ton exaspéré).

Oh ! que de paroles perdues ! Laissez là cette galère | et songez que le temps presse, et que vous courez risque de perdre votre fils [1].

(Avec un ton de fausse douleur.)

Hélas ! mon pauvre maître, peut-être que je ne te verrai de ma vie, et qu'à l'heure que je parle, on t'emmène esclave, en Alger !

(En levant le bras comme pour un serment.)

Mais le ciel me sera témoin que j'ai fait pour toi | tout ce que j'ai pu; et que, si tu manques à être racheté, il n'en faut accuser que le peu d'amitié d'un père [2].

1. Scapin remonte.
2. Géronte, Scapin qui va pour sortir et que Géronte arrête de la voix.

GÉRONTE (du ton d'un homme qui se décide).

Attends, Scapin, je m'en vais quérir cette somme.

SCAPIN (d'un ton de plus en plus pressant).

Dépêchez donc vite, Monsieur, je tremble que l'heure ne sonne.

(Géronte va pour s'éloigner.)

GÉRONTE (d'un ton naïf et se retournant vers Scapin

N'est-ce pas quatre cents écus que tu dis ?

SCAPIN (d'un ton narquois).

Non cinq cents écus !

GÉRONTE (d'un ton attristé).

Cinq cent écus.

SCAPIN (d'un ton très affirmatif).

Oui

GÉRONTE (d'un ton d'exaspération).

Que diable allait-il faire dans cette galère ?

SCAPIN (d'un ton affirmatif et pressant).

Vous avez raison, mais hâtez-vous.

GÉRONTE (même ton d'exaspération).

N'y avait-il point d'autre promenade ?

SCAPIN (d'un ton affirmatif mais plus pressant).

Cela est vrai ; mais faites promptement.

GÉRONTE (d'un ton rageur).

Ah ! maudite galère !

SCAPIN (à part et d'un ton moqueur).

Cette galère lui tient au cœur.

GÉRONTE (d'un ton de résignation).

Tiens, Scapin, je ne me souvenais pas que je viens justement de recevoir cette somme en or,

(D'un ton d'affliction).

et je ne croyais pas qu'elle dût m'être sitôt ravie.

(Tirant sa bourse de sa poche et la présentant à Scapin.)

Tiens, va-t'en racheter mon fils ?

SCAPIN (tendant la main).

Oui, Monsieur.

GÉRONTE (retenant sa bourse, qu'il fait semblant de vouloir donner à Scapin).

Mais dis à ce Turc que c'est un scélérat.

SCAPIN (tendant encore la main).

Oui.

(Géronte avance toujours la main qui tient la bourse et au moment où Scapin veut la saisir, il la retire.)

GÉRONTE (recommençant toujours la même action et d'un ton furieux).

Un infâme.

SCAPIN (tendant toujours la main).

Oui.

GÉRONTE (de même et du même ton).

Un homme sans foi, un voleur.

SCAPIN (d'un ton impatient).

Laissez-moi faire.

GÉRONTE (de même et même ton furieux).

Qu'il me tire cinq cents écus contre toute espèce de droits.

SCAPIN (d'un ton plus impatient).

Oui.

GÉRONTE (de même et du même ton).

Que je ne les lui donne, ni à la mort, ni à la vie.

SCAPIN (d'un ton de plus en plus impatient).

Fort bien.

GÉRONTE (toujours de même).

Et que si jamais je l'attrape, je saurai me venger de lui.

SCAPIN (au comble de l'impatience).

Oui.

GÉRONTE (remettant sa bourse dans sa poche en s'en allant et d'un ton calme).

Va, va vite requérir mon fils.

SCAPIN (courant après Géronte).

Holà Monsieur.

GÉRONTE (se retournant et d'un ton naïf).

Quoi ?

SCAPIN (d'un ton naturel et un peu railleur).

Où est-donc cet argent ?

GÉRONTE (toujours naïvement).

Ne te l'ai-je pas donné ?

SCAPIN (naturellement et d'un ton malicieux).

Non, vraiment ; vous l'avez remis dans votre poche.

(Géronte cherche d'abord dans la poche qui est vide, mais sur un geste indicatif de Scapin il reprend la bourse dans l'autre poche).

GÉRONTE (d'un ton étonné et triste).

Ah ! c'est la douleur qui me trouble l'esprit.

SCAPIN (d'un ton approbatif).

Je le vois bien.

GÉRONTE (d'un ton furieux et désespéré).

Que diable allait-il faire dans cette galère ? Ah ! maudite galère ! Traître de Turc ! A tous les diables !
(Géronte sort à droite.)

SCAPIN (seul et d'un ton narquois).

Il ne peut digérer les cinq cents écus que je lui arrache ;

(D'un ton menaçant).

mais il n'est pas quitte envers moi ; et je veux qu'il me paie en une autre monnaie | l'imposture qu'il m'a faite auprès de son fils.

Les Fourberies de Scapin,

MOLIÈRE.

Les Fourberies de Scapin, acte III, scène II. Cette pièce fut jouée pour la première fois à Paris, le 24 mai 1671, sur le théâtre du Palais-Royal.

DIANE

COMÉDIE EN CINQ ACTES

D'ÉMILE AUGIER

Les deux figures historiques, Louis XIII et Richelieu, ont souvent été mises à la scène et tout le monde connaît la belle étude du roi, tracée par V. Hugo dans *Marion Delorme* et l'impression terrifiante produite par la litière du cardinal, au dénouement de ce beau drame.

Dans la *Diane* d'E. Augier, l'auteur a su dessiner d'un trait délicat et sûr ces deux personnages et mettre en parallèle ces tempéraments si opposés, d'un côté le roi désertant son ministre, mais le supportant dans l'intérêt de la France, et de l'autre l'habile politique dédaignant ce roi morose et lui refusant toute ingérance dans les affaires de l'état.

Pour bien jouer cette scène, on donnera à Louis XIII l'allure sombre, le ton languissant, la voie grave d'un individu sans énergie et ne montrant un peu de volonté que lorsqu'il se met en colère.

Richelieu aura l'allure digne et hautaine, le ton cassant d'un homme habitué à voir tout le monde céder devant lui. Sa déférence pour le roi ne doit rien lui ôter de sa morgue, de son obstination et de sa rudesse.

ACTE IV SCÈNE III
LE ROI, RICHELIEU [1]

(Ils entrent tous deux, continuant une conversation).

LE ROI (d'un ton brusque et mécontent).

... Je veux être le maître,
Oui, Monsieur, et non plus seulement le paraître.

RICHELIEU (d'un ton humble et réservé).

Je vois avec douleur | que mon maître et mon roi
Prête à mes ennemis plus de crédit qu'à moi.

LE ROI (d'un ton ironique).

Je ne puis rien sentir | ni penser par moi-même,

N'est-ce pas ? —

C'est ce que vous croyez ? et

Grâce à vous, voilà les bruits qu'on
[sème.

Eh bien! vous vous trompez!

Non, Monsieur, il n'est pas d'intrigue là-dessous ;
Personne | auprès de moi ne vous a nui... que vous.

Mais s'il faut vous le dire,

Je suis las d'obéir dans mon propre royaume,
Et de n'être | d'un roi | que l'ombre et le fantôme ;

1. Le Roi, Richelieu.

Je suis las de subir l'hypocrite hauteur —
D'un tyran | qui devrait être mon serviteur.

Et cependant je vous le certifie,

A ma sujétion | lorsque je me résigne
Tout le sang de mon père | en mes veines s'indigne,

(Avec un ton d'irritation).

Et je ne sais vraiment par quelle lâcheté
Jusqu'à présent, Monsieur, je vous ai supporté.

RICHELIEU (d'un ton digne et calme).

C'est que vous me sentez salutaire à la France.
Voilà tout le secret de votre tolérance ;

(Avec un ton d'amertume).

Car je n'ignore pas que votre Majesté
Dans le fond de son cœur | m'a toujours détesté.

LE ROI (d'un ton un peu amer).

Vous êtes clairvoyant.

RICHELIEU (d'un ton dépité).

C'est un triste salaire,
Sire, de tant d'efforts que j'ai faits pour vous plaire.

LE ROI (d'un ton railleur et hautain).

Oui, je suis un ingrat ! car, grâce à vous, j'ai pris —
L'existence en dégoût | et moi-même en mépris.

Hélas! vous le savez bien,

Quand mon front soucieux | à la vitre s'appuie,
J'entendsautour de moi dire : « le roi s'ennuie. »

Eh ! mon Dieu!

— Moi-même je le dis parfois. Mais

Je puis vous le certifier,

si tous ceux
Qui me voient contempler la rue en paresseux,
Pouvaient comprendre alors | avec quel œil
[d'envie
Je regarde passer le travail et la vie,

(Avec un ton de dégoût et de reproche).

Monarque enseveli dans mon oisiveté
Et condamné par vous à l'inutilité,
Certe, ils admireraient qu'en mon âme | la haine
N'eût pas vaincu plus tôt la patience humaine!

(D'un ton énergique et sourd.)

Mais la mesure est comble enfin !

Je vous le dis,

l'homme et le roi
D'un égal désespoir se révoltent en moi.

Et je suis résolu à changer cela,

Je veux me relever de cette modestie
Qui vous livrait mes dés pour jouer ma partie ;

(D'un ton très ferme et très sec).

Je ne veux plus de vous | service, ni conseil,

DIANE

Je vous veux, en un mot, chasser de mon soleil!

RICHELIEU (d'un ton calme et digne).

Contre un pareil discours | je ne puis que me taire,
Sire, retirez-moi des mains | le ministère.

J'en serai satisfait et

Loin de vous opposer la moindre objection,
J'ai besoin de repos, comme vous | d'action;
Car si | dans la langueur votre tête se penche,
La fièvre du travail | a fait la mienne blanche.

Croyez-vous que je puisse regretter le pouvoir,

Regardez ces yeux creux, ce visage blafard :
Je n'ai que cinquante ans | et suis presque un
[vieillard ;
Et mon médecin dit que si je continue —
Ce métier | dont l'ardeur me ronge et m'exténue
J'y laisserai ma vie, et cela | dans un temps —
Qu'il prévoit | et qu'il fixe environ à sept ans.

Me croyant utile à mon pays, certes

Je n'aurais pas rendu mon poste, mais j'embrasse —
Comme faveur du ciel, Sire, votre disgrâce.

LE ROI (d'un ton froid et réservé).

Tout est donc pour le mieux, Monsieur! j'en suis
[ravi.

RICHELIEU (d'un ton inquisiteur).

Le roi reconnaît-il que je l'ai bien servi?

LE ROI (d'un ton embarrassé et dur).

Peut-être ! — Vous aurez un grand compte à me
[rendre.

RICHELIEU (d'un ton empressé).

Si votre Majesté | sur-le-champ veut l'entendre ?...

LE ROI (d'un ton glacial).

Rien ne presse.

RICHELIEU (d'un ton de réfutation hautaine).

Pardon, Sire ! il est très pressant —
D'être juste.

LE ROI (d'un ton sévère).

Monsieur !

RICHELIEU (appuyant sur les deux adjectifs).

Juste | et reconnaissant.

Vous pouvez me congédier, mais

Je ne m'en irai pas sur ce cruel peut-être
Que ma loyauté | laisse en l'esprit de mon maître ;

Je veux le détromper, il le faut,

Et dissiper chez lui | le doute en cet endroit,
Ce n'est pas seulement mon devoir,

(D'un ton très ferme).

c'est mon droit.

LE ROI (d'un ton contrarié).

Je retire le mot.

RICHELIEU (d'un ton hautain).

Pour conserver le doute?

LE ROI (d'un ton ennuyé, puis se radoucissant).

Monsieur! —

(D'un ton de condescendance.)

Puisqu'il le faut, parlez. Je vous écoute.
(Il s'assied à gauche [1].)

RICHELIEU (d'un ton explicatif et lent).

Quand votre Majesté m'admit dans son conseil,
Le royaume | au mourant qu'on vole | était pareil.

Souvenez-vous en, Sire,

La France s'en allait en lambeaux, démembrée —
Par deux usurpateurs | ardents à la curée :
Le parti huguenot, de plus en plus hardi,
Qui formait un état presque libre | au Midi;
La féodalité, de tout le sol maîtresse,
Qui mettait | presque un roi dans chaque forte-
[resse ;

L'autorité royale était méconnue

Si bien que la révolte | à votre Majesté,
Au lieu d'un châtiment, arrachait un traité.

---

1. Le roi assis, Richelieu.

LE ROI (d'un ton ennuyé mais approbatif).

Je m'en souviens, Monsieur.

RICHELIEU (d'un ton plus animé).

Pour comble de misère,
Ceux même | qui devaient guérir le double ulcère,
Pareils à des laquais | plus qu'à des médecins,
Autour du moribond | ne songeaient qu'aux
[larcins.

Et ce n'était pas tout

Des maux intérieurs | c'était la conséquence
Que la France | au dehors changeât de conte-
[nance.

Oui, pour surcroît de honte,

L'honneur national, si cher au grand Henri,
Mourait avec le reste aux mains du favori,
Et l'État | n'étant plus assez puissant | ni riche —
Pour mettre une barrière à la maison d'Autriche,

Qu'arriva-t-il ?

On ne consomma point notre honte à demi :
On attela la France au char de l'ennemi !

(Avec un ton d'indignation).

Ah! Sire, vous parliez du sang de votre père
Qu'en vos veines | le joug d'un ministre exaspère !

Mais en voyant dans quel état on avait mis la France,

C'est là qu'il aurait dû s'indigner et bouillir,
Avant que de laisser l'opprobre s'accomplir !

LE ROI (d'un ton ému et fier).

Doutez-vous que l'honneur de la France m'émeuve?

RICHELIEU (d'un ton pénétré et amer).

Comment en douterais-je? En suis-je pas la preuve?

Oh! je ne puis m'y tromper,
Si vous ne l'aimiez pas, la France, avec ferveur,
Auriez-vous supporté le joug de son sauveur?

(Le roi tournant la tête et regardant Richelieu).

Et puisqu'il faut nous séparer,
Parlons à cœur ouvert, en rompant notre chaîne :
Si vous me haïssez, je comprends votre haine,

Elle est légitime après tout,
Car Richelieu peut-être à votre place | eût eu —
Plus de haine que vous, Sire, et moins de vertu.

LE ROI (d'un ton de réprimande).

Mais peut-être Louis | avec votre génie
Aurait à votre place eu moins de tyrannie.

RICHELIEU (d'un ton brusque).

Il me fallait agir ainsi, car
Si je ne vous avais toujours forcé la main,
Notre œuvre à moitié faite | avortait en chemin.

La conciliation n'est plus possible aujourd'hui,
Dans les temps d'anarchie et de lutte où nous
[sommes

11.

Il faut violenter les choses et les hommes;

(Avec un ton d'autorité).

Le despotisme seul féconde le chaos,
Je veux ! — L'enfantement du monde | est dans
[ces mots.

(D'un ton fier et orgueilleux).

— Et d'ailleurs, le succès a passé la souffrance !
Voyez la royauté, c'est-à-dire la France,
Assise fortement, les deux pieds appuyés —
Sur les débris fumants des partis foudroyés !

N'est-elle pas forte et respectée ?

Elle a pu, réduisant chez elle les divorces,
Sur l'impie étranger | lancer toutes ses forces.

Les commencements ont été difficiles, qu'importe

Ses revers au début | ne m'inquiètent pas :
Elle est comme un cheval | qui choppe au pre-
[mier pas,
Mais dont l'emportement, croissant dans la car-
[rière,
Ne connaît bientôt plus ni fossé ni barrière.

Je ne demande qu'une chose.

Qu'on ne détourne pas sa course, et je prétends —
Qu'elle prenne la tête | avant qu'il soit longtemps !

(Avec un ton solennel et grave).

Sire, je vous le dis : un grand siècle commence,
De tous côtés il s'ouvre un horizon immense;

Le monde ancien expire,

(Avec un ton fier et affirmatif).

et c'est de nos travaux, —
Sire, que datera l'ère des temps nouveaux.

(Avec animation).

Quelle gloire à cueillir ! et quelle grande chose
Fera mon successeur,

(Appuyez bien sur les deux propositions suivantes).

s'il comprend | et s'il ose !

(Avec un ton de sincère regret).

Mais je le cherche en vain, cet esprit ferme et sûr
Qui pourra | de mes plans récolter le fruit mûr,

Je ne puis le trouver

Et j'aurai la douleur de voir tomber mon œuvre
Entre les mains d'un traître, ou celles d'un ma-
[nœuvre.

LE ROI (d'un ton ironique et hautain).

C'est un orgueil | que rien ne saurait surpasser
De ne vous croire pas possible à remplacer.

RICHELIEU (d'un ton ironique et froid).

Sire, si je l'étais, pourquoi donc votre haine
S'est-elle | en me gardant | imposé tant de gêne ?

LE ROI (d'un ton de réfutation).

Si vous ne l'étiez pas, vous l'êtes aujourd'hui,

Vos solides travaux | forment un point d'appui —
Sur lequel l'ouvrier, même le plus novice,
Pourra | d'après vos plans achever l'édifice.

RICHELIEU (d'un ton affirmatif et insinuant).

Pour moi, je ne connais | propre à me succéder
Que le père Joseph.

LE ROI (se levant et d'un ton de refus). (Il passe devant Richelieu).

                Mieux vaudrait vous garder[1].

Certes, ce n'est pas lui que je prendrai,

Non, non ; le successeur, que mon choix vous
                                    [destine,
Assiste à vos travaux | depuis leur origine ;

Croyez-le bien,

Je puis entièrement m'assurer sur sa foi,
Car en un mot, Monsieur, ce successeur | c'est moi.

RICHELIEU (d'un ton de surprise).

Vous, Sire ?

LE ROI (d'un ton froid et gouailleur).

        Moi, Monsieur, qu'en pensez-vous ?

RICHELIEU (d'un ton réservé).

                                   Rien, Sire.

LE ROI (d'un ton interrogateur).

Vous me blâmez au fond | et n'osez pas le dire.

---

1. Richelieu, le roi.

RICHELIEU (d'un ton de soumission).

Quand mon maître résout, je ne sais qu'approuver ;

(D'un ton de restriction et respectueusement).

Seulement | je prévois ce qui peut arriver.

(D'un ton approbatif).

Que votre Majesté | tout d'abord s'évertue
Et soutienne un moment le fardeau qui me tue,
Je le crois.

Vous le tenterez du moins

    Mais bientôt, sous la charge accablé,

Et pour tout dire

Peut-être même aussi par des revers troublé,

Je vous connais, Sire,

Vous rouvrirez la porte aux avis d'une mère
Que vous rappellerez d'un exil nécessaire.

LE ROI (d'un ton dubitatif).

Peut-être !

RICHELIEU (d'un ton affirmatif).

   C'est certain : vous êtes trop bon fils —
Pour la traiter aussi durement que je fis.
Une fois revenue,

Je puis vous le certifier,

     Au conseil | avec elle —
Rentreront votre frère | et toute sa séquelle ;

Parmi cet entourage à l'Espagne gagné,
Fléchissez un instant | et tout est ruiné.

Oui, tout, je vous l'affirme,

La féodalité triomphe avec l'Autriche,
Et le sol labouré par moi | retourne en friche.

LE ROI (d'un ton moqueur).

J'admire pour combien | votre sagacité
Compte dans ses calculs | mon imbécillité.

Eh bien! ne vous mettez pas en peine,

Que votre inquiétude en ce point se rassure,
Je ne suis pas un roi fainéant, je vous jure,

J'ai accepté votre dure autorité,

Et j'ai pu supporter un maire du palais,
Sans être maniable à mes autres valets.

RICHELIEU (d'un ton de sincérité).

Personne autant que moi, Sire, ne le souhaite.

(D'un ton humble et soumis).

Je vois, à la façon dont mon maître me traite,
Qu'il faut me retirer.

LE ROI (d'un ton sec et froid).

   Adieu, Monsieur, adieu.

(Il passe devant Richelieu et va à gauche).

RICHELIEU (fait quelques pas vers la porte, puis revient au roi et d'un ton
     suppliant).

Ne faites pas cela, non, Sire, au nom de Dieu!

LE ROI (d'un ton gêné).

Monsieur !

RICHELIEU (d'un ton humble mais affirmatif).

Permettez-moi l'orgueilleuse assurance —
De dire que je suis nécessaire à la France.

Je vous le jure!

Moi seul peux | jusqu'au bout soutenir le fardeau ;
Laissez-moi ce pouvoir | qui me mène au tom-
[beau.

LE ROI (d'un ton ironique et gouailleur).

Vos dédains des grandeurs, Monsieur, ne durent
[guère.

RICHELIEU (d'un ton méprisant).

Ah! Sire, il s'agit bien d'ambition vulgaire !

Dans une situation aussi grave

Pouvez-vous soupçonner d'intérêt personnel
L'homme | qui veut rester dans un poste mortel ?

Non, je ne suis pas ambitieux du pouvoir,

Mais ne m'arrachez pas mon œuvre inachevée,

(D'un ton très net et très affirmatif).

Sire, mon existence | à ma tâche est rivée !
C'est le seul rêve humain | dont je sois convaincu,

(Avec beaucoup de conviction.)

Et je dois en mourir, puisque j'en ai vécu.

LE ROI (d'un ton d'impatience).

Quand donc permettrez-vous à mon tour que je
[vive?

RICHELIEU (d'un ton un peu hésitant et avec une prudence extrême).

Que la vérité, Sire, une fois vous arrive!

L'on vous trompe en vous disant que vous devez commander à tous et être le maître absolu,

Ne vous abusez pas sur votre mission :
C'est la vertu des rois que l'abnégation,

(Reprenant vivement sur un regard du roi.)

Et n'appréhendez pas qu'elle vous rapetisse,
Sire.

Croyez-moi, car je vous dis la vérité :

Un homme est bien grand | par un grand
[sacrifice

LE ROI (avec un ton de rage sourde).

A vous toute la gloire, à moi l'obscurité!
Votre orgueil a besoin de mon humilité.

(Il s'assied à droite.)

RICHELIEU (d'un ton très humble, fléchissant le genou et la tête baissée).

S'il faut que cet orgueil | devant vous s'humilie,
Voyez! mon front blanchi s'incline, et je supplie.

(Avec beaucoup de chaleur et le ton de la prière).

Sire, daignez sauver la France par mes mains,

Et, dépouillant tous deux les intérêts humains,
Sachons sacrifier à l'auguste patrie,
Le monarque | sa haine | et le sujet | sa vie !

LE ROI (après un moment et d'un ton résolu).

Je ne peux plus !

RICHELIEU (d'un ton menaçant, mais digne).

Eh bien ! je vous en avertis,
Vous répondrez à Dieu | des malheurs du pays ;
Car je l'affirme ici | sur mon âme immortelle,
La France périra | si je m'éloigne d'elle.

LE ROI (après un silence, les yeux au ciel et d'un ton de résignation).

A défaut de génie, ô divin Créateur !
Donnez la patience à votre serviteur !

(Il se lève et d'un ton triste et résolu).

— Régnez, si le salut de mon état l'ordonne,
Je vous laisse le sceptre | et garde la couronne.
Mais soyez assez grand, juste et victorieux
Pour que mon sacrifice | ait raison à mes yeux,
Et qu'à mes successeurs l'éclat de votre gloire,
Expliquant ma conduite, absolve ma mémoire.

RICHELIEU (d'un ton de gratitude).

Oh ! Sire...

LE ROI (d'un ton calme et noble et faisant un signe de la main).

Pas un mot, pas un remercîment.

Les dépêches sont là : lisez tranquillement.

(Il lui montre des lettres sur la table à gauche remonte et dit d'un ton amer et sombre).

Pour moi | que les destins de la France rejettent,
Je retourne à mes chiens, — seuls amis qui me
[restent.

(Il sort au fond.)

Diane,

Émile Augier [1]

___
1. Calmann-Lévy, éditeur, 6, rue Scribe.

LA VIE

Montrer tous les inconvénients de l'existence, tous les petits côtés ennuyeux de la vie et en tirer cette conclusion qu'il n'y a rien de plus désagréable que d'être au monde, c'est là ce que l'auteur a fait avec infiniment d'esprit dans ce petit morceau, qui a eu la bonne fortune d'être interprété par Coquelin aîné.

Il faut, pour faire goûter cette poésie satirique, la dire avec ton de joyeuse misanthropie que l'excellent comédien de la Comédie Française avait su trouver et qui donne alors à ce morceau son véritable caractère.

(Commencez avec un ton très étonné et très naïf.)

J'ai toujours été très surpris —
De voir les gens heureux de vivre
Et maudire | avec de grands cris —
La mort, qui de tout mal délivre.

(Avec beaucoup de naturel et comme si l'on adressait la parole à quelqu'un).

Voyons ! vous trouvez ça gai, vous,
D'être un homme ou bien une femme ?

(Très interrogatif et en appuyant sur *tous*).

Et vous êtes tous contents, tous ?
Et pas un de vous ne réclame ?

C'est impossible ! raisonnons un peu :

Vous voilà nés. Bien. Vous allez —
Passer quelque temps sur la terre,
Vingt, trente ans,

Oh ! mon Dieu!

      plus, si vous voulez.

Je l'admets

 Oui, mais entre nous, pour quoi faire?

Je vous le demande?

 Enfin, qu'est-ce que nous faisons?
 Pourquoi sommes nous là?

<small>(Appuyez bien sur ce qui suit).</small>

      Quel rôle —
Jouons-nous donc?

Voulez-vous que je vous le dise

    — Nous vieillissons!
— C'est tout.

<small>(Très naïvement).</small>

   Et vous trouvez ça drôle?

Voyons, là, franchement!

 Vous trouvez ça drôle | de voir —
Aux jours | s'ajouter les journées,
Et d'aller, sans jamais pouvoir —
Remonter le cours des années?

<small>(Montez peu à peu les vers des deux strophes suivantes).</small>

 Cela vous plaît | d'avoir été —

LA VIE

Jeté sur la machine ronde,

Et cela

Sans même avoir sollicité —
La faveur de venir au monde?

(D'un ton vexé et presque irrité).

Et vous l'admirez, ce destin —
Qui vous tient là | sous sa tutelle, —
En vous disant :

Très ironiquement).

Saute pantin!
C'est moi qui tire la ficelle.

Non, non, vous avez beau dire,

J'ai beau chercher, je ne vois pas —
Pour ma part, malgré mon envie,
Ce que l'on peut trouver, hélas! —
D'utile et de bon dans la vie!

Soyez sincère,

Quoi! c'est sans ennui, sans chagrin,
Lorsque l'aurore vous réveille,
Que vous faites le lendemain —
Ce que vous avez fait la veille?

(D'un ton narquois, et détachant chaque verbe).

Cela vous plaît de vous coucher,
Vous lever, dormir, manger, boire,
Suer, grelotter, vous moucher,
Et puis...?

Allons donc!

Non, c'est à n'y pas croire.

Dis mon enfant? sois franc?

Cela te plaît, ange aux yeux bleus,
Lorsque tu n'as pas été sage,
De sentir cinq grands doigts nerveux
Cingler... l'envers de ton visage ?

(D'un ton plus bourru et de plus en plus ironique).

Et toi, nourrice, trouve-tu —
Que vivre est une bonne chose :
Et n'avais-tu pas entrevu —
Jadis | un idéal plus... rose ?

Et toi, voyons

Cela t'amuse, magister,
D'emprisonner ainsi l'enfance,
Quand, librement, sur l'arbre vert,
L'oiseau gazouille et se balance ?

(Continuez la même inflexion et d'un ton rauque).

Çà te convient, pauvre employé,
De t'en aller au ministère

Pour rester des heures | ployé —
Sur ton pupitre... à ne rien faire?

(Toujours la même inflexion, mais en montant peu à peu et d'un ton semi-narquois, semi-colère).

Es-tu content, jeune soldat,
D'être pour cinq ans militaire ?
Et toi paysan, ça te va —

LA VIE

De toujours labourer la terre?

(Montant toujours la voix).

Cocher! dis, est-ce de bon cœur —
Que tout le jour tu te ballades?
Et vous, ça vous distrait, docteur,
De faire mourir vos malades?

(Reprenez plus bas pour remonter peu à peu).

Dites, pauvres jeunes auteurs,
Cela vous enchante, d'écrire —
Des pièces | que les directeurs
Refusent sans même les lire?

(D'un ton de très mauvaise humeur).

Cela vous va tous les trois mois,
De payer le propriétaire?
Cela vous va, d'entendre la voix —
Douce | de votre belle-mère?

(D'un ton moqueur).

Ça vous va de placer vos fonds
Chez des banquiers qui les emportent,
Et de payer tous les chiffons —
Et chapeaux | que vos femmes portent?

(Reprenez encore plus bas, puis remontez toujours peu à peu).

Ça vous va | le soir en rentrant,
Que la table ne soit pas mise,
De coudre vous-mêmes | souvent
Des boutons à votre chemise?

Allons, parlez, dites, ça vous va

D'avoir des dents qui vous font mal?
Des fils qui ne veulent rien faire?
Des filles à conduire au bal,
Et puis après | devant le maire?

(D'un ton très grognon).

Ça vous va quand il pleut bien fort,
De barbotter sur le bitume?
L'été, de fondre au moindre effort,
Et, l'hiver, d'attrapper un rhume?

(Avec un ton de désespoir comique).

Ça vous va, quand vous êtes vieux,
De trainailler votre personne
Jusqu'à ce qu'au clocher des cieux
Votre heure suprême | enfin sonne?

(Très haut de voix et d'un ton exaspéré).

Ça vous va | tout ça, dites-moi?

Vous vous taisez?

Allons, que quelqu'un me réponde!

Osez parler, et dites

En est-il un de vous | qui soit —
Content maintenant d'être au monde?

(Faisant comme si quelqu'un avait répondu).

Hum! comment!

Je ne vous ai pas convaincu!

Vous tenez encor

LA VIE

Après ce que j'ai dit, à vivre ?

(D'un ton courroucé).

Ah par exemple, c'est trop fort,
Et j'aime mieux ne pas poursuivre.

(Se radoucissant et d'un ton plus calme).

Et pourtant, je voudrais savoir —
Ce qui vous retient sur la terre ;

Enfin ! je voudrais connaître

Par quel charme, par quel pouvoir,
La vie a le don de vous plaire.

(Très naturellement et en appuyant).

Quoi ! Qu'admirez-vous ici-bas ?
Est-ce par hasard la nature ?

(D'un ton de condescendance).

C'est beau, je n'en disconviens pas,
Mais voilà longtemps que ça dure ;

Vous avez beau vous extasier,

Le soleil, la lune, les cieux,
C'est tout le temps la même chose.
Qu'est-ce qui ravit donc vos yeux ?

(Avec un rire moqueur).

Ce n'est pas l'homme, je suppose.

(D'un ton naïf et décidé).

Allons ! dites-le franchement :

12

Le bonheur terrestre est un conte,
Et vous souffrez tous...

C'est incontestable,

Seulement
Vous ne vous en rendez pas compte.

(Avec un grand naturel.)

Tenez, moi-même, en ce moment
Est-ce que je m'amuse, dites ?

Mais non, non,

Pas plus que vous assurément.

(D'un ton net et bref.)

Ainsi, bonsoir. — Nous sommes quittes.

GRENET-DANCOURT.

Nous avons coupé de cette pièce quelques strophes que l'on trouvera dans la brochure éditée chez Ollendorf, 28 bis, rue Richelieu.

Il n'est pas permis à la nation qui compte parmi ses gloires littéraires, Rabelais, La Fontaine et Molière de ne pas écouter avec plaisir les fantaisies joyeuses, peut-être même un peu burlesques, que de jeunes auteurs font paraître et dans lesquelles ils essaient leur verve comique. En publiant: *Les voyages, les ioies matrimoniales, la chasse* et tant d'autres pièces remplies d'humeur et de gaieté, M. Grenet-Dancourt s'est fait bien vite une place à part dans les *Jeunes* et ses premiers succès au théâtre font espérer que nous aurons quelque jour un digne successeur des *Duvert*, des *Dumanoir* et des *Labiche*.

DÉMOCRITE

COMÉDIE EN CINQ ACTES

De RÉGNARD

SCÈNE DE STRABON ET DE CLÉANTHIS

La pièce de Démocrite n'est certes pas une des meilleures de Regnard, mais la verve du poète comique se retrouve en maints passages et particulièrement dans ces deux fragments du 2º et du 4º acte, qui, réunis, forment une scène des plus amusantes et des plus franchement comiques.

Il faut donner aux deux personnages un ton bien doux et bien tendre dans la première partie, marquer leur vive surprise quand ils commencent à se reconnaître, et leur profonde aversion quand ils s'aperçoivent de leur erreur et se souviennent du passé.

ACTE II, SCÈNE VI
CLÉANTIS, STRABON[1]

(Cléanthis vient de gauche et se trouve en face de Strabon qui vient de droite.
CLÉANTHIS (d'un ton de curiosité).

Quel est cet homme-ci ?

STRABON (d'un ton étonné et joyeux).

     Quelle est cette égrillarde
Qui d'un œil curieux me tourne | et me regarde ?

CLÉANTHIS (à part, fixant Strabon et du ton de quelqu'un qui cherche dans sa mémoire).

Voilà, certes, quelqu'un de ces nouveaux venus ;
Et ces traits-là | me sont tout à fait inconnus.

STRABON (à part et d'un ton de fatuité).

Mon port lui paraît noble | et ma mine assez bonne.
La princesse a, je crois, dessein sur ma personne :

Prenons garde à nous,

Il ne faut point ici perdre le jugement,
Mais en homme d'esprit | tourner un compliment.

(Haut à Cléanthis d'un ton galant et affecté.)

Madame, s'il est vrai, selon nos axiomes,
Que tous corps ici-bas sont composés d'atomes,
Chacun doit convenir, en voyant vos attraits,

1. Cléanthis, Strabon.

Que le vôtre | est formé d'atomes bien parfaits ;

(D'un ton très précieux et très louangeur).

Ces organes subtils, d'où votre esprit transpire,
Avant que vous parliez, font que je vous admire.

CLÉANTHIS (d'un ton minaudier).

A votre air étranger | on devine aisément...

STRABON (du ton d'un homme qui se récrie).

A mon air étranger ! parlez plus congrument.

Veuillez considérer que

Je suis homme de cour ; et pour la politesse,
J'en ai, sans me vanter, de la plus fine espèce.

CLEANTHIS (d'un ton empressé et complimenteur).

Un esprit méprisant ne m'a point fait parler,
Et tous nos courtisans | voudraient vous ressem-
[bler.

STRABON (d'un ton très suffisant).

Je le crois

CLEANTHIS (d'un ton curieux).

Je voulais | par vous-même m'instruire—
Quel sujet, quelle affaire à la cour vous attire.

STRABON (d'un ton d'importance).

C'est par ordre du roi | que j'y viens aujourd'hui ;
Je suis, sans me vanter, assez bien avec lui :
Le plaisir de nous voir | quelquefois nous ras-
[semble ;

12.

Et nous devons, je crois, ce soir, souper ensemble

CLÉANTHIS (d'un ton de félicitation).

C'est un honneur | qu'il fait à peu de courtisans.

STRABON (d'un ton de suffisance).

D'accord; mais il sait vivre, et connaît bien ses
[gens.

Et d'ailleurs

Pour convive | je suis d'une assez bonne étoffe,
Suivant de Démocrite, et garçon philosophe.

CLÉANTHIS (d'un ton complimenteur).

On le voit, votre esprit éclate dans vos yeux.

STRABON (d'un ton confus et affecté).

Madame...

CLÉANTHIS (même ton).

Tout en vous est noble et gracieux.

STRABON (même ton).

Madame, à bout portant vous tirez la louange.

(D'un ton galant.)

Je veux être un maraud si mes sens, en échange,
Auprès de vos appas ne sont tout stupéfaits.

CLÉANTHIS (d'un ton de minauderie).

Peu de cœurs | devant vous ont conservé leur paix.

STRABON (d'un ton de fatuité).

Ah! madame, il est vrai qu'on est fait d'un modèle

DÉMOCRITE

A ne pas attaquer vainement un belle.

Comme on est adroit, habile,

On sait | de son esprit se servir à propos ;
Se plaindre, se brouiller, écrire quatre mots :
Revenir, s'apaiser, se remettre en colère ;

(D'un ton d'exclamation).

Faire bien le jaloux, et vouloir se défaire ;

Si cela ne suffit point

Commander à ses pleurs de sortir au besoin ;
Être un jour sans manger, bouder seul en un coin ;

(Avec un ton chaud et amoureux).

Redoubler quelquefois de tendresses nouvelles.

Vous comprenez bien que

Lorsque l'on sait jouer ce rôle auprès des belles,
On est bien malheureux et bien disgracié
Quand on manque à la fin d'en tirer aile ou pied.

CLÉANTHIS (d'un ton tendre).

La nature | en naissant vous fit l'âme sensible,

STRABON (d'un ton exalté et faisant sonner les s).

Le soufre préparé | n'est pas plus combustible.

CLÉANTHIS (d'un ton minaudier).

Ainsi donc | votre cœur s'est souvent enflammé ?
Vous aimiez autrefois ?

STRABON (d'un ton de fatuité).

> Non ; mais j'étais aimé.

(D'un ton fier et arrogant).

Je me suis signalé par plus d'une victoire !

(D'un ton doux et tendre.)

Mais si | de vous aimer vous m'accordiez la gloire,
Vous verriez tout mon cœur, par des soins éternels,
Faire fumer l'encens au pied de vos autels.

CLÉANTHIS (d'un ton confus et toujours minaudant).

Mon bonheur serait pur, et ma gloire trop grande —
De recevoir ici vos vœux et votre offrande ;
Mais certaine raison, qui murmure en mon cœur,
M'empêche de répondre à toute votre ardeur.

STRABON (d'un ton embarrassé).

J'en ai quelqu'une aussi qui me serait contraire

(D'un ton galant.)

Mais où parle l'amour, la raison doit se taire.

CLÉANTHIS (à part et d'un ton de regret).

Si mon traître d'époux | par bonheur était mort...

STRABON (à part, même ton que Cléanthis).

Si ma méchante femme avait fini son sort...

CLÉANTHIS (à part, avec un soupir de regret).

Que je me serais fait un bonheur de lui plaire !

STRABON (à part, même soupir).

Que nous aurions bientôt terminé notre affaire!

CLÉANTHIS (à Strabon baissant les yeux et d'un ton caressant).

Votre abord est si tendre | et si persuasif...

STRABON (d'un ton complimenteur et caressant).

Vous avez un aspect tellement attractif...

CLÉANTHIS (d'un ton ému et tendre).

Que d'un charme puissant on se sent ravir l'âme.

STRABON (même ton que Cléanthis).

Qu'en vous voyant paraître | aussitôt on se pâme.

CLÉANTHIS (à part d'un ton troublé) [1].

Mon regard soutient mal le feu de son regard.

STRABON (d'un ton inquiet).

Je sens mon faible cœur percé de part en part

CLÉANTHIS [2] (d'un ton surpris et gracieux).

Je ne sais quel attrait | et quel charme invisible
En un instant | a pu me rendre si sensible;
Et je n'ai point senti de transports aussi doux
Pour tout autre mortel | que j'en ressens pour vous.

STRABON (d'un ton très aimable).

En vous réciproquant, vous êtes, je vous jure,
De ces heureux transports payée avec usure.

1. Tous deux se séparent et s'éloignent vers les extrémités de la scène en gardant leurs mêmes places.
2. Elle se rapproche de Strabon qui revient aussi vers elle.

Je puis vous certifier que

L'on n'a jamais senti des feux si violents
Que ceux qu'auprès de vous | et pour vous je res-
[sens.

(D'un ton curieux et hésitant).

Mais ne puis-je savoir, en voyant tant de charmes,
Quel est l'aimable objet à qui je rends les armes?

CLÉANTHIS (d'un ton de pruderie).

Bon, que vous servirait de savoir qui je suis?
Ce nous serait peut-être une source d'ennuis,
Après vous avoir fait l'aveu de ma faiblesse.

STRABON (d'un ton exalté et traînant l'exclamation).

Ah! que cette pudeur augmente ma tendresse!

CLÉANTHIS (d'un ton pudique et minaudier).

Je devrais bien plutôt songer à me cacher.

STRABON (d'un ton pressant).

Rien | de vous découvrir ne doit vous empêcher.

CLÉANTHIS (d'un ton de doux reproche).

L'homme | est d'un naturel si volage et si traître...
Qui le sait mieux que moi?

STRABON (d'un ton grave et inquiet).

                      Vous en avez peut-être —
Été souvent trahie?

Hélas! je suis persuadée qu'
                      Ici, comme en tous lieux,

La femme, à mon avis, ne vaut pas beaucoup
[mieux.

(Avec un soupir de regret.)

J'en ai, pour mes péchés, quelquefois fait l'épreuve.

(D'un ton insinuant.)

Etes-vous fille?

CLÉANTHIS (d'un ton assuré).

Non.

STRABON (même ton que plus haut).

Femme?

CLÉANTHIS (d'un ton de réfutation).

Point du tout.

STRABON (toujours même ton).

Veuve?

CLÉANTHIS (d'un ton simple).

Je ne sais.

STRABON (d'un ton railleur et goguenard).

Oh! parbleu, vous vous moquez de nous.
De quelle espèce donc, s'il vous plaît, êtes-vous?

CLÉANTHIS (d'un ton explicatif).

Je fus fille autrefois, et pour telle admirée.

STRABON (d'un ton naïf).

Je le crois.

CLÉANTHIS (même ton explicatif).

A quinze ans je me suis mariée;

Mais depuis le long temps | que sans époux je vis,
Je ne saurais passer pour femme à mon avis ;

Et ce qui est plus étrange,

Ni pour veuve non plus, puisqu'en effet j'ignore —
Si le mari que j'eus est mort, ou vit encore.

STRABON (d'un ton surpris).

Ce discours, quoique abstrait, me paraît assez bon.

Et ce qui est curieux c'est que

Je ne suis, comme vous, homme, veuf, ni garçon.

CLÉANTHIS [1] (à part, d'un ton inquiet).

Homme, veuf, ni garçon !

STRABON (même ton que Cléanthis).

Fille, femme, ni veuve !

CLÉANTHIS (à part d'un ton surpris).

Le cas est tout nouveau,

STRABON (à part, même ton que Cléanthis).

L'aventure est très neuve.

(A Cléanthis et d'un ton curieux [2].)

Depuis quand, s'il vous plaît, vivez-vous sans
[époux ?

CLÉANTHIS (d'un ton de béatitude).

Depuis près de vingt ans, je goûte un sort si doux.

1. Ils s'éloignent un peu l'un de l'autre.
2. Il se rapproche de Cléanthis.

DÉMOCRITE

Figurez-vous que

J'avais pris un mari fourbe, plein d'injustices,
Qui | d'aucune vertu ne rachetait ses vices :
Ivrogne, débauché, scélérat, ombrageux.

Enfin si désagréable que

Pour sa mort | je faisais tous les jours mille vœux.

(D'un ton de soulagement).

Enfin le ciel plus doux, touché de ma misère,
Lui fit naître en l'esprit | un dessin salutaire

Imaginez-vous qu'un jour

Il partit, me laissant, par bonheur, sans enfants.

STRABON (d'un ton d'ébahissement).

C'est tout comme chez nous ; depuis le même temps,
Inspiré par le ciel, je quittai ma patrie,
Pour fuir loin de ma femme, ou plutôt ma furie :

Vous ne pouvez vous en faire une idée.

Jamais un tel démon | ne sortit des enfers ;

Que vous dirai-je ?

C'était un vrai lutin, un esprit de travers,

Enfin

Un vieux singe en malice,

(Montez l'énumération d'un ton colère).

Insolente, revêche,

Coquette, sans esprit, menteuse, pie-grièche.
A la noyer | cent fois je m'étais attendu ;

(D'un ton de justification).

Mais je n'en ai rien fait |

(D'un ton naïf).

de peur d'être pendu.

CLÉANTHIS (d'un ton un peu vexé).

Cette femme | vous est vraiment bien obligée!

STRABON (d'un ton dégagé).

Bon! tout autre que moi | ne l'eût point ménagée;
Elle aurait fait le saut.

CLÉANTHIS (d'un ton un peu réservé).

Et, de grâce, en quels
[lieux —
Aviez-vous épousé ce chef-d'œuvre des cieux?

STRABON (d'un ton naturel).

Dans Argos

CLÉANTHIS (à part d'un ton stupéfait).

Dans Argos!

STRABON (même ton que Cléanthis plus haut).

Où la fortune a-t-elle —
Mis en vos mains | l'époux d'un si rare modèle?

CLÉANTHIS (d un ton défiant).

Dans Argos.

STRABON (à part et d'un ton surpris).

Dans Argos!

(Haut et d'un ton très inquiet.)

Et, s'il vous plaît, quel [nom —
Portait ce cher époux ?

CLÉANTHIS (d'un ton élevé et méfiant).

Il se nommait Strabon.

STRABON (à part, d'un ton abattu).

Strabon ! Haï !

CLÉANTHIS (d'un ton craintif).

Pourrait-on aussi, sans vous déplaire,
Savoir quel nom portait cette épouse si chère ?

STRABON (se tournant vers Cléanthis et d'un ton penaud).

Cléanthis.

CLÉANTHIS (d'un ton de stupéfaction).

Cléanthis ! c'est lui.

STRABON (d'un ton de dégoût).

C'est elle ! ô dieux !

CLÉANTHIS (d'un ton effaré).

Ses traits n'en disent rien ; mais je le sens bien [mieux —
Au soudain changement | qui se fait dans mon [âme.

STRABON (d'un ton naïf et effrayé).

Madame, par hasard n'êtes-vous point ma femme ?

CLÉANTHIS (même ton que Strabon).

Monsieur, par aventure, êtes-vous mon époux?

STRABON (d'un ton de colère).

Il faut que cela soit ; car je sens que pour vous
Dans mon cœur | tout à coup ma flamme est
[amortie,
Et fait en ce moment place à l'antipathie.

CLÉANTHIS (d'un ton furieux et véhément).

Ah! te voilà donc, traître! Après un si long temps,
Qui t'amène en ces lieux? Qu'est-ce que tu prétends?

STRABON (d'un ton très simple).

M'en aller au plus tôt. Que ma surprise est forte!

(D'un ton naïf.)

Dis moi, ma chère enfant, pourquoi n'es-tu pas
[morte?

CLÉANTHIS (d'un ton furieux).

Pourquoi n'es-tu pas morte! Indigne, scélérat,
Déserteur de ménage | et maudit renégat,

(Tendant la main vers la figure de Strabon).

Pour t'arracher les yeux...

STRABON (lui saisissant les poignets avec ses deux mains et les repoussant)

Ah! doucement, Madame,

(A part, d'un ton stupéfait).

O pouvoir de l'hymen, quel retour en mon âme!

CLÉANTHIS (à part d'un ton confus).

Je ressentais pour lui les transports les plus doux ;
Hélas! qu'allais-je faire? il était mon époux.

(Haut et d'un ton de répulsion.)

Va, fuis. Que le démon qui te prit en ton gîte —
Pour t'amener ici, t'y remporte au plus vite.
Évite ma fureur; retourne dans tes bois.

STRABON (d'un ton approbatif).

Il ne vous faudra pas me le dire deux fois.

(D'un ton très franc et très décidé).

J'aime mieux être ermite, et brouter des racines,
Revoyager vingt ans, nu-pieds, sur des épines
Que de vivre avec vous. Adieu.

CLÉANTHIS (d'un ton d'aversion).

Que je le hais!

STRABON (même ton d'aversion).

Qu'elle est laide à présent et qu'elle a l'air mauvais !

(Tous deux se tournent le dos et s'éloignent en remontant vers la porte du fond. Là ils se retrouvent face à face, se font la grimace en soufflant comme deux chats en colère, et sortent l'un à droite, l'autre à gauche.)

L'AVENTURIÈRE

COMÉDIE EN QUATRE ACTES

D'ÉMILE AUGIER

Fabrice a quitté la maison paternelle depuis plusieurs années.

Il apprend qu'une aventurière, Dona Clorinde et son frère se sont introduits dans la famille, qu'il ont capté la confiance de son père et que Clorinde veut en l'épousant s'emparer de l'héritage.

Pour déjouer le projet de ces intrigants, il revient au logis sous un nom supposé. Puis il déjeune avec le frère de Dona Clorinde et cherche à le faire causer.

Il faut donner à Fabrice l'air distingué, le ton engageant, mais ne parlant qu'avec circonspection et cherchant toujours à sonder les intentions de don Annibal.

Il faut donner à ce dernier l'air d'un fanfaron et d'un faiseur d'embarras, le ton bruyant et poseur.

FABRICE [1] (à part, d'un ton menaçant).

A nous deux, sacripant.

ANNIBAL (à part, d'un ton malicieux).

A nous deux, mon jeune
[homme.

(Ils se mettent à table).

(D'un ton curieux).

Vous posséderons-nous longtemps?

FABRICE (d'un ton négatif).

Je vais à Rome

ANNIBAL (du ton d'un homme qui cherche à savoir).

Peut-être vous entrez dans l'église?

FABRICE (d'un ton de réserve).

En effet.

ANNIBAL (d'un ton d'approbation).

Un bel état, Monsieur!

(Il commence à manger et dit d'un ton de gourmandise).

Ce jambon est parfait

FABRICE (d'un ton engageant).

Il ouvre l'appétit.

ANNIBAL (en faisant claquer sa langue).

Et la soif.

1. Fabrice, la table, Annibal.

FABRICE (d'un ton d'empressement).

Il faut boire.

(Fabrice verse, ils boivent).

ANNIBAL (d'un ton d'éloge).

Une profession tout à fait méritoire, —
Monsieur !

(D'un ton emphatique.)

Moi qui vous parle, entre autres ré-
[vérends,
Carmes ou franciscains, qui furent mes parents,
Je cite avec orgueil don Paul-Grégoire Ignace,
Évêque, *in partibus*, d'une ville de Thrace.

(Avec un ton de componction).

C'était un très saint homme, et je suis convaincu —
Qu'on l'eût canonisé | s'il avait mieux vécu.
Mais....

(Il parle bas à Fabrice).

FABRICE (d'un ton d'étonnement).

Vraiment !

ANNIBAL (d'un ton très affirmatif).

Comme j'ai l'honneur de vous le dire...

(D'un ton narquois).

Et quand on l'y prenait, il se mettait à rire !
Buvons à la santé de ce pauvre défunt.

(Ils boivent.)

FABRICE (d'un ton engageant et découpant le pâté).

Attaquons ce pâté | qui m'allèche au parfum.

ANNIBAL (d'un ton allègre).

J'oubliais la santé du pieux don Sidoine.
Mon oncle maternel, en son vivant chanoine.
On n'en cite qu'un trait, mais qui dura longtemps;
Car c'est d'avoir vécu quatre-vingt-dix-huit ans.

(Ils boivent).

(D'un ton amical).

Ça de tous mes parents | j'ai fêté la mémoire :
Mais n'en avez-vous pas quelques-uns à qui boire?

FABRICE (d'un ton important).

Trois tantes, six cousins | et sept frères de lait.

ANNIBAL (d'un ton aimable).

Trois, neuf, seize... buvons à chacun s'il vous plaît.

(D'un ton galant).

A vos tantes d'abord, ces respectables dames
Qui n'ont jamais brûlé que de pieuses flammes.
En est-il dans le nombre | une à succession?
Nous boirions en détail à son extinction !

FABRICE (d'un ton gouailleur).

Toutes ont des enfants.

ANNIBAL (d'un ton irrité).

Impudiques douairières

(Il boit.)

(D'un ton curieux).

Passons à vos cousins. Que sont-ils ?

FABRICE (d'un ton affirmatif).

Militaires.

ANNIBAL (d'un ton surpris).

Militaires ! tous six ?

FABRICE (d'un ton ironique).

Comme vous.

ANNIBAL (d'un ton satisfait).

Comme moi ?
Je leur fais compliment.

FABRICE (d'un ton insinuant).

Car vous l'êtes, je crois ?...

ANNIBAL (d'un ton de fatuité).

Parbleu ! si je le suis ! nous autres gentilshommes !...
J'ai tué de ma main ou blessé dix-huit hommes,

(Appuyant d'un ton comique).

Dix-huit ! on m'a laissé deux fois parmi les morts,
Et si je vous montrais, Monsieur, mon pauvre
[corps...
Un crible !

FABRICE (d'un ton louangeur).

En vérité, Monsieur.

ANNIBAL (d'un ton convaincu).

C'est à la lettre.

Je suis si laid à nu que je n'ose m'y mettre.

FABRICE (d'un ton élogieux et versant à boire).

La gloire est à ce prix. Buvons à vos exploits !

ANNIBAL (d'un ton de regret).

C'est là tout le profit que j'en tire : j'y bois !
La bouteille est à sec :

(Appelant).
Holà !

(Entre un valet).

FABRICE (d'un ton de commandement).

Du vin d'Espagne.

(D'un ton inquisiteur).

— Et dans quel régiment fîtes-vous la campagne ?

ANNIBAL (d'un ton embarrassé).

Ah ! dans quel régiment ? Dans le Royal-Infant,

(Au valet, d'un ton important).

Mais ouvrez ce balcon, car l'air est étouffant !

FABRICE (à part, d'un ton surpris).

Est-ce qu'il dirait vrai ? Tendons lui quelque piège.

(Haut d'un ton dégagé).

J'ai dans ce régiment un ami de collège.

ANNIBAL (d'un ton curieux).

Qui se nomme ?

FABRICE (d'un ton affirmatif).

Artaban.

ANNIBAL (d'un ton suffisant).

Je le connais beaucoup.

FABRICE (d'un ton railleur).

Vous êtes bien heureux! Buvons encore un coup!

(Portant un toast).

A ce cher Artaban!

ANNIBAL (après avoir bu d'un ton gai).

C'était un joyeux drille!
Mais avez-vous connu mon ami Nazarille?

FABRICE (d'un ton négatif).

Non, Monsieur.

ANNIBAL (avec un ton d'enthousiasme).

Ah! Monsieur, quel garçon bien fendu!
Qu'il tirait bien l'épée | avant d'être pendu.

FABRICE (d'un ton étonné et curieux).

Pendu! Qu'avait-il fait?

ANNIBAL (d'un ton d'atténuation).

Ses torts n'étaient pas graves;
Mais les gens de justice | ont en horreur les braves.

(D'un ton convaincu).

Moi | qui vous parle, moi si je n'étais parti,

Ne me voulaient-ils pas faire un mauvais parti?

FABRICE (d'un ton indigné).

Les vilains! et pourquoi?

ANNIBAL (d'un ton de dédain).

Pour rien... une estocade
A travers l'héritier présomptif d'un alcade,

(D'un ton malin).

J'ai pu fuir, averti par un bon alguazil...

FABRICE (d'un ton curieux).

Et votre sœur | vous a suivi dans votre exil?

ANNIBAL (d'un ton affirmatif).

Parbleu! ma sœur était plus que moi compromise.

(S'arrêtant tout d'un coup).

Mais je jase...

FABRICE (d'un ton bienveillant).

Entre amis.

ANNIBAL (d'un ton méfiant).

Suffit. Si ma chemise —
Savait ce que je pense, a dit un général,
Je changerais de linge.

FABRICE (à part, d'un ton moqueur).

Il ne ferait pas mal.

ANNIBAL (d'un ton sentencieux).

Trop parler nuit. Buvons.

FABRICE (d'un ton gai).

Buvons.

(A part et d'un ton joyeux).

Son œil se trouble.

ANNIBAL (d'un ton d'ébriété et joyeux).

Ventrebleu! plus je bois | et plus ma soif redouble
Regardez-moi ce jus, l'abbé, ce jus divin
Que le monde a nommé modestement du vin !

(D'un ton d'épanouissement).

C'est le consolateur, c'est le joyeux convive,
A la suite de qui toute allégresse arrive !

(D'un ton de vive satisfaction et bruyamment).

Au diable les soucis, les craintes, les soupçons...
Quand je bois, il me semble avaler des chansons !
Verse encore un couplet | et nargue du tonnerre !
Buvons à plein gosier | et chantons à plein verre !

(D'un ton étonné).

Ça n'avez-vous plus soif ?

FABRICE (d'un ton d'excuse).

J'ai fait ce que j'ai pu.

ANNIBAL (d'un ton allègre et aviné).

Oyez ce que chantait certain moine trapu :

(Il chante, le ton bruyant):

Le vin est nécessaire ;

Dieu ne le défend pas!
Il eût fait la vendange amère
S'il eût voulu qu'on ne bût pas !

(D'un ton satisfait).

La chanson est jolie | et prouve à l'évidence,
L'abbé, que Dieu n'est pas contraire à la bombance.

FABRICE (à part d'un ton joyeux).

Patience! le vin rend l'homme transparent.

ANNIBAL (d'un ton attendri).

Remarquez que l'enfant | vient au monde en pleu-
[rant...
Il vit la larme à l'œil... A boire, je vous prie.

(D'un ton de regret à Fabrice qui lui verse du vin).

L'abbé, la vie est courte!...

FABRICE (même ton, mais moqueur).

Oh ! que courte est la vie !

ANNIBAL (chantant plus aviné encore).

Quand on est mort | on ne mord plus
Que la poussière ;
Quand on est mort | on ne mord plus,
On est mordu,

(Il boit et d'un ton solennel).

L'ivrognerie, un vice ignoble ! Ut ! buveur d'eau...
Un ivrogne | ressemble au céleste flambeau,
Au soleil, n'en déplaise à ta vieille faconde ;

Tout tourne autour de lui : c'est le centre du
[monde !
(D'un ton plaintif).

— Mais c'est égal ; la vie est trop courte, mon cher.
Notre âme est immortelle, oui ; mais la pauvre
[chair

FABRICE (d'un ton engageant).

Buvez !

ANNIBAL (d'un ton ferme, et d'une voix émue).

Mordieu ! trinquons, Monsieur l'homme
[d'église,
Car je veux vous griser aussi, si je me grise !

FABRICE (d'un ton complaisant).

Soit ! à votre santé, mon brave.

ANNIBAL (du même ton).

A ma santé !
(Il boit et d'un ton affligé).

Quoiqu'elle vous soit bien égale, en vérité.

FABRICE (d'un ton de reproche).

Qui dit cela ?

ANNIBAL (d'un ton très ému).

Voyons, pleureriez-vous ma perte
Si je mourais demain d'indigestion ?

FABRICE (d'un ton approbatif, mais railleur).

Certes !

ANNIBAL (d'un ton de doute).

Laissez-moi donc tranquille | avec votre amitié !
Peut-être en moins d'un an tu m'aurais oublié !

(D'un ton de reproche).

Oui, va, tu fais semblant de m'aimer, âme vile !
Parce que tu vois bien que je puis t'être utile !

(En pleurant).

Que je suis malheureux, mon Dieu, mon Dieu !
[jamais —
Je n'ai pu me fier à ceux-là que j'aimais !
Ah ! c'est un lourd fardeau, vois-tu, qu'une âme
[tendre
Quand on n'a pas quelqu'un qui puisse vous
[comprendre !
Mais dis-moi le motif au moins de ton mépris,
Que je me justifie.

(Il se lève et se jette sur Fabrice qu'il embrasse).

FABRICE (d'un ton méprisant et le repoussant sur sa chaise où il tombe).

Allez, vous êtes gris !

ANNIBAL (d'un ton surpris et très aviné).

Moi gris ? c'est qu'il le croit l'abbé, Dieu me bénisse !
A preuve, je m'en vais te réciter Phénice,
Le rôle de ma sœur s'entend... car quand à moi,
Je vis de mon épée | et suis noble du roi !

FABRICE (d'un ton feignant l'indifférence).

Sous quel nom votre sœur était-elle au théâtre ?

ANNIBAL (d'un ton glorieux).

Sous un beau nom, l'abbé, le nom de Cléopâtre,

(D'un ton d'assoupissement).

Mais es-tu comme moi? Quand il fait du soleil,
Ma conversation m'ennuie | et j'ai sommeil.

FABRICE (d'un ton engageant).

Il est bon de dormir après une bombance.

ANNIBAL (d'un ton endormi).

Veux-tu que nous dormions?

FABRICE (d'un ton bienveillant).

Très volontiers.

ANNIBAL (d'un ton poli).

Commence.

FABRICE (d'un ton obligeant).

Non, Monsieur, après vous.

ANNIBAL (d'un ton de déférence et s'endormant peu à peu).

Non, je n'en ferai rien,
Je suis poli... je suis poli... j'ai du maintien.

(Il s'endort sur sa chaise).

FABRICE (se levant et d'un ton de mépris).

Dors du sommeil du juste, ô vertueux ivrogne !
Quelle place aux soufflets sur cette large trogne
— Or çà, j'ai leur secret, c'est le point capital —
Des opérations de ce siège moral.

(D'un ton de circonspection).

Toutefois commençons prudemment nos approches,
Car le fort est solide et bâti sur des roches.

(D'un ton décidé).

A nos pièces !

L'Aventurière (¹).
Emile Augier.

(1) Calmann Lévy, éditeur.

ÉPITHALAME PARISIEN

MONOLOGUE

De J. NORMAND

Les morceaux comiques qui peuvent se dire partout, à l'école comme dans un salon, sont assez rares pour qu'on soit heureux de les trouver et de les étudier.

Nous devons déjà à M. Jacques Normand des pièces charmantes et spirituelles : *le Chapeau, Elle est jolie, les Tentations d'Antoine, le Billet de faire part*, etc.([1]). La Revue politique nous a donné l'*Épithalame parisien :* une fine satire qui, sous une forme délicate, nous présente un tableau assez exact de certains mariages du jour.

Ce morceau doit être dit avec finesse. Il faut varier chacun des souhaits qui se succèdent et mettre en relief les traits d'esprit de chaque strophe.

1. Calmann Lévy, éditeur.

Il faut vous dire qu'

>A Paris, chaque printemps,
>Cupido | dresse son piège :

(D'un ton narquois).

>Sur les filles de vingt ans
>   Neige —
>De l'oranger | tout le temps.

Voici ce qui s'est passé :

>On s'est connu dans un bal...
>On s'est fait une visite...

Chacun de son côté se dit :

>Elle est bien... Il n'est pas mal...

Cela suffit !

>   Vite —
>L'officier municipal !

Il n'y a plus à s'en dédire,

>C'est réglé, c'est arrêté !

Et par conséquent

>On se rend à la mairie.
>Le couple tout emprunté,
>   Crie—
>« Oui »

Allons, c'est fini

>— Le sort en est jeté !

(Avec un ton cérémonieux).

    Le lendemain, rendez-vous—
    A l'église, | en grande foule :

(D'un ton comiquement ému).

    Sur la tête des époux
        Coule—
    Un discours pieux et doux

La cérémonie finie,

    On entre en se bousculant
    Dans la sacristie étroite ;

(D'un ton solennel).

    Et sous son grand voile blanc,
        Droite

(D'un ton moqueur).

    Elle rit | ou fait semblant.

(D'un ton magnifique).

    Lui, fier, superbe, important,
    Ecrase sa belle-mère ;
    Et sans souffler un instant,
        Serre —
    Les cinq cents mains qu'on lui tend.

Et pour terminer la cérémonie,

    Un fort lunch | est apprêté—
    Suivant la nouvelle mode ;
    En mangeant, chaque invité

>   Brode —
> Un bout de banalité.

On peut remarquer que

> Les sandwichs, vrais monuments,
> Fondent avec le champagne ;
> Et la gaîté | par moments
>   Gagne —
> Jusqu'au groupe des mamans.

(D'un ton de prière).

> Que Dieu bénisse aujourd'hui —
> Ces époux, couple modèle !
> Qu'il lui soit un ferme appui !
>   Qu'elle—
> N'ait de regards ! que pour Lui !

Je désire ardemment

> Qu'ils vivent sans nul souci !
> Que rien ne les puisse abattre !
> Qu'ils aient des enfants aussi...
>   Quatre

(D'un ton narquois).

> Ou plus, s'il leur plaît ainsi !

Je demande encore

> Qu'ils aient des santés extra !
> Point de goutte | ou de névrose...
> L'existence leur sera—
>   Rose

ÉPITHALAME PARISIEN

    Et gaîment s'écoulera !

Je souhaite aussi

    Qu'ils se plaisent au foyer
    L'hiver, lorsque le vent pleure,
    Et qu'ils sachent oublier —
        L'heure
    Coulant dans le sablier !

Je désire également pour eux

    Qu'ils s'envolent chaque été,
    Quand Paris commence à frire,
    Dans quelque coin abrité
        Rire
    Ou rêver en liberté !

Je leur conseille surtout

    Qu'ils ne parlent que très peu—
    Politique | ou bien finance !

Et par suite

    Que leur jeunesse, morbleu !
        Danse—
    Une gigue dans le bleu !

Il serait bon encore

    Qu'ils n'aient pas trop de parents
    Qui | chez eux plantent leurs tentes.

(D'un ton railleur).

    Petits cousins encombrants,

Tantes —
Aux bonnets exubérants !

Il serait louable aussi

Que Monsieur | soit décoré ;
Que Madame | ait des toilettes —
D'un goût | toujours épuré,
   Faites —
Chez le tailleur consacré !

(Avec un ton d'agacement).

Qu'ils aient un appartement
Sans tramways | ni pianistes —
Qui tapent, lugubrement —
   Tristes,
Des morceaux | dits d'agrément !

(D'un ton gravement comique).

Qu'estimés dans le quartier,
Bénis du propriétaire,
Ils sachent, quand vient janvier,
   Plaire—
A messire leur portier !

Enfin je voudrais

Qu'ils aient, inestimable don,
Un cordon bleu | sans malice ;
Que leur vie, à l'abandon,
   Glisse —
A l'abri d'un Marchandon !

(D'un ton aimable et gracieux).

Ainsi les souhaits | par tas—
S'accumulent sur leur tête...

(D'un ton grave).

La voiture attend en bas,
Prête.

Que leur dirais-je encore?

Allez!... et ne versez pas!

Jacques NORMAND

Quelle fine critique des cérémonies actuelles qui entourent le mariage ! quelle charmante observation des souhaits et des vœux formés pour les jeunes mariés d'un certain monde.

LE MAITRE DE PHILOSOPHIE

ET

SCÈNES DU TROISIÈME ACTE

DU

BOURGEOIS GENTILHOMME

COMÉDIE EN CINQ ACTES

De J.-B.-P. MOLIÈRE

Se moquer de ceux qui veulent s'élever au-dessus de leur condition et paraître plus qu'ils ne sont en réalité : c'est ce qu'a voulu Molière en écrivant *Le Bourgeois Gentilhomme*.

M. Jourdain serait un homme très recommandable s'il n'avait pas ce ridicule de vouloir passer pour un grand seigneur, alors qu'il n'est tout simplement qu'un bourgeois enrichi.

Il faut lui donner une grande bonhommie, le ton naïf, l'allure un peu lourde.

On donnera par contre au maître de philosophie un air compassé, le ton pédant et solennel.

Dans les scènes du IIIe acte.

On donnera à Nicole un air bon enfant, et une voix franche, à madame Jourdain le ton sincère et convaincu et l'allure d'une femme de bon sens.

ACTE II, SCÈNE VI

LE MAITRE DE PHILOSOPHIE, M. JOURDAIN [1]

Le maître de philosophie revient en rajustant ses vêtements et raccommodant son collet.

(Du ton d'un homme qui cherche à se remettre).

Venons à notre leçon,

M. JOURDAIN (d'un ton de compassion).

Ah ! Monsieur, je suis fâché des coups qu'ils vous ont donnés.

LE MAITRE DE PHILOSOPHIE (avec un ton de calme affecté).

Cela n'est rien. Un philosophe | sait recevoir comme il faut | les choses ;

(D'un ton menaçant).

et je vais composer contre eux une satire du style de Juvénal, qui les déchirera de la belle façon.

(D'un ton plus posé).

Laissons cela. Que voulez-vous apprendre ?

M. JOURDAIN (d'un ton naïf).

Tout ce que je pourrai ; car j'ai toutes les envies du monde d'être savant ; et j'enrage que mon

---

1. Le maître de philosophie, M. Jourdain.

père et m'a mère | ne m'aient pas bien fait étudier dans toutes les sciences, quand j'étais jeune.

Ce langage serait bien celui de la raison si M. Jourdain avait réellement le désir d'apprendre et si ce n'était pas la sotte vanité d'avoir l'air d'un gentilhomme qui le fasse parler ainsi. Aussi le maître de philosophie réplique-t-il.

(D'un ton doctoral).

Ce sentiment est raisonnable : *nam sine doctrina, vita est quasi mortis imago.*

LE MAITRE DE PHILOSOPHIE (d'un ton suffisant).

Vous entendez cela, et vous savez le latin sans doute ?

M. JOURDAIN (d'un ton gêné).

Oui; mais faites comme si je ne le savais pas. Expliquez-moi ce que cela veut dire.

LE MAITRE DE PHILOSOPHIE (d'un ton prétentieux).

Cela veut dire que, *sans la science, la vie est presque une image de la mort.*

M. JOURDAIN (avec un ton de conviction).

Ce latin-là a raison.

LE MAITRE DE PHILOSOPHIE (d'un ton inquisiteur et avec une certaine circonspection).

N'avez-vous point quelques principes, quelques commencement des sciences ?

M. JOURDAIN (du ton d'un homme très content de lui).

Oh! oui : je sais lire et écrire.

LE MAITRE DE PHILOSOPHIE (d'un ton très important).

Par où vous plaît-il que nous commencions ? Voulez-vous que je vous apprenne la logique ?

M. JOUDAIN (d'un ton très inquiet).

Qu'est-ce que c'est que cette logique ?

LE MAITRE DE PHILOSOPHIE (d'un ton explicatif).

C'est elle qui enseigne les trois opérations de l'esprit.

M. JOURDAIN (avec un ton de curiosité).

Qui sont-elles, ces trois opérations de l'esprit ?

LE MAITRE DE PHILOSOPHIE (toujours du même ton explicatif, mais avec une certaine prétention).

La première, la seconde | et la troisième. la première est de bien concevoir, par le moyen des universaux ; la seconde, de bien juger, par le moyen des catégories ; et la troisième, de bien tirer une conséquence, par le moyen des figures : *Barbara, celarent, Darii, ferio, baraliption*, etc.

On comprend que M. Jourdain soit effarouché non seulement par ces vers scolastiques mais également par les explications du maître et par les mots qu'il emploie, aussi répond-il :

(D'un ton ennuyé).

Voilà des mots qui sont trop rébarbatifs. Cette logique-là ne me revient point.

Il veut bien apprendre, mais quelque chose d'agréable et qu'il comprenne.

Apprenons autre chose | qui soit plus joli.

LE MAITRE DE PHILOSOPHIE (d'un ton important)

Voulez-vous apprendre la morale?

M. JOURDAIN (d'un ton inquiet).

La morale ?

LE MAITRE DE PHILOSOPHIE (d'un ton affirmatif).

Oui.

M. JOURDAIN (d'un ton curieux).

Qu'est-ce qu'elle dit, cette morale?

LE MAITRE DE PHILOSOPHIE (d'un ton important).

Elle traite de la félicité, enseigne aux hommes à modérer leurs passions, et...

M. JOURDAIN (d'un ton de refus bien accentué).

Non, laissons cela. Je suis bilieux comme tous les diables, et il n'y a morale qui tienne : je me veux mettre en colère tout mon soûl, quand il m'en prend envie.

LE MAITRE DE PHILOSOPHIE (du ton d'un homme qui commence à s'impatienter).

Est-ce la physique que vous voulez apprendre?

M. JOURDAIN (d'un ton défiant).

Qu'est-ce qu'elle chante cette physique?

LE MAITRE DE PHILOSOPHIE (d'un ton très posé mais avec un air de mépris pour M. Jourdain qui est si ignorant).

La physique | est celle qui explique les principes des choses naturelles | et les propriétés des corps ; qui discourt de la nature des éléments, des métaux, des minéraux, des pierres, des plantes | et des animaux, et nous enseigne les causes de tous les météores, l'arc-en-ciel, les feux volants, les comètes, les éclairs, le tonnerre, la foudre, la pluie, la neige, la grêle, les vents et les tourbillons.

M. JOURDAIN (du ton d'un homme un peu effrayé).

Il y a trop de tintamare là-dedans, trop de brouillamini.

LE MAITRE DE PHILOSOPHIE (d'un ton impatienté).

Que voulez-vous donc que je vous apprenne?

M. JOURDAIN (d'un ton bonhomme).

Apprenez moi l'orthographe.

LE MAITRE DE PHILOSOPHIE (d'un ton résigné).

Très volontiers.

M. JOURDAIN (d'un ton très naïf).

Après vous m'apprendrez l'almanach, pour savoir quand il y a de la lune | et quand il n'y en a point.

LE MAITRE DE PHILOSOPHIE (avec le ton pédant d'un professeur qui donne la leçon).

Soit. Pour bien suivre votre pensée | et traiter cette matière en philosophe, il faut commencer, selon l'ordre des choses, par une exacte connaissance de la nature des lettres, et de la différente manière de les prononcer toutes. Et là-dessus — j'ai à vous dire que les lettres | sont divisées en voyelles, ainsi nommées voyelles, parce qu'elles expriment les voix; et en consonnes, ainsi appelées consonnes, par ce qu'elles sonnent avec les voyelles, et ne font que marquer les diverses articulations des voix. Il y a cinq voyelles ou voix : A, E, I, O, U.

M. JOURDAIN (du ton d'un homme content de lui).

J'entend tout cela.

LE MAITRE DE PHILOSOPHIE (en faisant ce qu'il indique et d'un ton doctoral).

La voix A se forme | en ouvrant fort la bouche : A.

M. JOURDAIN (imitant ce que fait le maître et ouvrant la bouche toute grande).

A, A. Oui.

LE MAITRE DE PHILOSOPHIE (même ton et même jeu).

La voix E se forme en rapprochant la mâchoire d'en bas de celle d'en haut : A, E.

M. JOURDAIN (ouvrant et fermant la bouche alternativement en exagérant les mouvements indiqués par le maître).

A, E, A, E.

(D'un ton convaincu).

Ma foi oui. Ah! que cela est beau!

LE MAITRE DE PHILOSOPHIE (toujours même jeu et même ton).

Et la voix I, en rapprochant encore davantage les mâchoires l'une de l'autre, et écartant les deux coins de la bouche vers les oreilles : A, E, I.

M. JOURDAIN (faisant les trois mouvements et ravi de ce qu'il fait).

A, E, I, I, I, I. Cela est vrai. Vive la science!

LE MAITRE DE PHILOSOPHIE (toujours avec le même calme et le même ton).

La voix O se forme en rouvrant les mâchoires, et rapprochant les lèvres par les deux coins, le haut et le bas : O.

M. JOURDAIN (d'un ton étonné d'abord, puis faisant le mouvement et d'un ton d'exaltation).

O, O. Il n'y a rien de plus juste : A, E, I, O, I, O. Cela est admirable! I, O ; I, O.

LE MAITRE DE PHILOSOPHIE (toujours même ton).

L'ouverture de la bouche | fait justement comme un petit rond | qui représente un O.

M. JOURDAIN (d'un ton surpris).

O, O, O. Vous avez raison.

(Avec un ton d'admiration.)

O. Ah! la belle chose | que de savoir quelque chose!

LE MAITRE DE PHILOSOPHIE (toujours même ton).

La voix U se forme en rapprochant les dents | sans les joindre entièrement, et allongeant les deux lèvres en dehors, les approchant aussi l'une de l'autre | sans les joindre tout à fait : U.

M. JOURDAIN (d'un ton de grande surprise).

U, U. Il n'y a rien de plus véritable : U.

LE MAITRE DE PHILOSOPHIE (même ton toujours).

Vos deux lèvres s'allongent | comme si vous faisiez la moue : d'où vient que si vous la voulez faire à quelqu'un, et vous moquer de lui, vous ne sauriez lui dire que U.

M. JOURDAIN (d'un ton surpris d'abord, puis avec le ton du regret).

U, U. Cela est vrai. Ah! que n'ai-je étudié plus tôt, pour savoir tout cela!

LE MAITRE DE PHILOSOPHIE (du ton d'un homme qui est pressé de finir sa leçon).

Demain, nous verrons les autres lettres, qui sont les consonnes.

M. JOURDAIN (d'un ton interrogatif).

Est-ce qu'il y a des choses aussi curieuses qu'à celles-ci?

LE MAITRE DE PHILOSOPHIE (d'un ton de suffisance).

Sans doute. La consonne D, par exemple, se prononce en donnant du bout de la langue au-dessus des dents d'en haut : **DA**.

M. JOURDAIN (d'un ton enthousiaste).

DA, DA. Oui! Ah! les belles choses, les belles choses!

LE MAITRE DE PHILOSOPHIE (toujours très prétentieusement).

L' F, en appuyant les dents d'en haut, sur la lèvre de dessous : **FA**.

M. JOURDAIN (imitant encore d'une façon comique la manière d'articuler et puis avec un ton de reproche).

FA, FA. C'est la vérité. Ah! mon père et ma mère que je vous veux de mal.

LE MAITRE DE PHILOSOPHIE (avec la même prétention).

Et l'R, en portant le bout de la langue jusqu'au haut du palais; de sorte qu'étant frôlée par l'air | qui sort avec force, elle lui cède, et revient toujours au même endroit, faisant une manière de tremblement : R, RA.

M. JOURDAIN (avec un ton d'admiration).

R, R, RA ; R, R, R, R, R, RA. Cela est vrai. Ah! l'habile homme que vous êtes, et que j'ai perdu de temps! R, R, R, RA.

LE MAITRE DE PHILOSOPHIE (d'un ton très important).

Je vous expliquerai à fond toutes ces curiosités.

Tout le comique de cette première partie de la scène est dans l'affectation du maître qui ne donne après tout que des notions très exactes et dans la naïveté de M. Jourdain, qui, si nous en exceptons son sot orgueil, a raison cent fois raison de regretter son ignorance et de reprocher à ses parents de ne l'avoir pas fait instruire.

Dans la seconde partie de la scène, M. Jourdain n'a plus même de bon sens et ses ridicules se montrent au grand jour.

M. JOURDAIN (répondant d'abord à la proposition de son maître, puis prenant un ton confidentiel).

Je vous en prie. Au reste, il faut que je vous fasse une confidence. Je suis amoureux d'une personne de grande qualité, et je souhaiterais que vous m'aidassiez à lui écrire quelque chose | dans un petit billet | que je veux laisser tomber à ses pieds.

LE MAITRE DE PHILOSOPHIE (d'un ton d'acquiescement).

Fort bien!

M. JOURDAIN (d'un ton réjoui).

Cela sera galant, oui!

LE MAITRE DE PHILOSOPHIE (toujours d'un ton approbatif).

Sans doute. Sont-ce des vers que vous lui voulez écrire?

M. JOURDAIN (d'un ton de mépris).

Non, non; point de vers.

LE MAITRE DE PHILOSOPHIE (d'un ton très naturel).

Vous ne voulez que de la prose?

M. JOURDAIN (avec le même ton méprisant).

Non, je ne veux ni prose | ni vers.

LE MAITRE DE PHILOSOPHIE (d'un ton étonné).

Il faut bien que ce soit l'un ou l'autre.

M. JOURDAIN (d'un ton de grande surprise).

Pourquoi?

LE MAITRE DE PHILOSOPHIE (d'un ton ferme).

Par la raison, Monsieur, qu'il n'y a, pour s'exprimer, que la prose | ou les vers.

M. JOURDAIN (d'un ton bien naïf).

Il n'y a que la prose ou les vers?

LE MAITRE DE PHILOSOPHIE (d'un ton explicatif).

Non, Monsieur. Tout ce qui n'est point prose | est vers, et tout ce qui n'est point vers | est prose.

M. JOURDAIN (d'un ton surpris et bonhomme).

Et comme l'on parle, qu'est-ce que c'est donc que cela?

LE MAITRE DE PHILOSOPHIE (d'un ton assuré).

De la prose.

M. JOURDAIN (au comble de la stupéfaction).

Quoi! quand je dis : Nicole, apportez-moi mes pantoufles, et me donnez mon bonnet de nuit, c'est de la prose?

LE MAITRE DE PHILOSOPHIE (très ferme).

Oui, Monsieur.

M. JOURDAIN (d'un ton très naturel).

Par ma foi, il y a plus de quarante ans que je dis de la prose; sans que j'en susse rien,

(Avec un ton de gratitude).

et je vous suis le plus obligé du monde de m'avoir appris cela.

(Reprenant le ton gaillard et confidentiel).

Je voudrais donc lui mettre dans un billet. *Belle marquise, vos beaux yeux me font mourir d'amour;*

mais je voudrais que cela fût mis d'une manière galante, que cela fût tourné gentiment.

LE MAITRE DE PHILOSOPHIE (s'exprimant d'un ton emphatique et quelque peu interrogatif).

Mettre que les feux de ses yeux | réduisent votre cœur en cendres; que vous souffrez nuit et jour pour elle | les violences d'un...

M. JOURDAIN (l'interrompant et d'un ton de refus dédaigneux).

Non, non, non; je ne veux point de tout cela.

(Avec un ton d'obstination bête).

Je ne veux que ce que je vous ait dit : *Belle marquise, vos beaux yeux me font mourir d'amour.*

LE MAITRE DE PHILOSOPHIE (d'un ton de conseilleur).

Il faut bien étendre un peu la chose.

M. JOURDAIN (d'un ton d'entêtement).

Non, vous dis-je. Je ne veux que ces seules paroles-là | dans le billet,

(D'un ton gai).

mais tournées à la mode, bien arrangées comme il faut.

(D'un ton de supplication).

Je vous prie de me dire un peu, pour voir, les diverses manières dont on les peut mettre.

LE MAITRE DE PHILOSOPHIE (d'un ton de condescendance).

On les peut mettre premièrement comme vous avez dit : *Belle marquise, vos beaux yeux | me font mourir d'amour.* Ou bien : *d'amour | mourir me font, belle marquise, vos beaux yeux.* Ou bien : *Vos yeux beaux d'amour | me font, belle marquise, mourir.* Ou bien : *Mourir | vos beaux yeux, belle marquise, d'amour me font.* Ou bien : *Me font | vos yeux beaux | mourir, belle marquise, d'amour.*

M. JOURDAIN (d'un ton un peu impatienté).

Mais de toutes ces façons-là, laquelle est la meilleure ?

LE MAITRE DE PHILOSOPHIE (d'un ton simple).

Celle que vous avez dite : *Belle marquise, vos beaux yeux me font mourir d'amour.*

M. JOURDAIN (d'un ton de fatuité).

Cependant je n'ai point étudié, et j'ai fait cela tout du premier coup.

(D'un ton de politesse affectée).

Je vous remercie de tout mon cœur, et je vous prie de venir demain de bonne heure.

LE MAITRE DE PHILOSOPHIE (d'un ton aimable et prétentieux).

Je n'y manquerai pas.

(Il sort.)

ACTE III, SCÈNE I.

M. JOURDAIN, UN LAQUAIS [1]

(Jourdain a enfin revêtu un costume de gentilhomme, costume ridicule et qu'il ne sait pas porter ; il ne s'en admire pas moins et tient à se faire admirer par les autres. Aussi veut-il faire un tour dans Paris, suivi de ses deux laquais.)

M. JOURDAIN (d'un ton très important).

Suivez-moi, que j'aille un peu montrer mon habit par la ville ; et surtout | ayez soin de marcher immédiatement sur mes pas, afin qu'on voie bien que vous êtes à moi.

LE LAQUAIS (d'un ton très humble).

Oui, Monsieur.

M. JOURDAIN (d'un ton majestueux).

Appelez-moi Nicole, que je lui donne quelques ordres.

(Se reprenant).

Ne bougez : la voilà.

---

1. Un laquais, M. Jourdain.

SCÈNE II.

M. JOURDAIN (appelant).

Nicole!

NICOLE (entrant sans voir Jourdain, d'un ton naïf [1]).

Plaît-il?

M. JOURDAIN (d'un ton impératif).

Écoutez.

NICOLE (apercevant Jourdain et riant).

Hi, hi, hi, hi, hi.

M. JOURDAIN (d'un ton étonné).

Qu'as-tu à rire?

NICOLE (continuant de rire).

Hi, hi, hi, hi, hi, hi.

M. JOURDAIN (d'un ton colère).

Que veut dire cette coquine-là?

NICOLE (riant et pouvant à peine parler).

Hi, hi, hi, hi, comme vous voilà bâti! hi, hi, hi.

M. JOURDAIN (d'un ton surpris et fâché).

Comment donc?

NICOLE (riant toujours et se tenant les côtes).

Ah! ah! mon Dieu! Hi, hi, hi, hi, hi.

1. M. Jourdain, Nicole.

M. JOURDAIN (d'un ton menaçant).

Quelle friponne est-ce là? Te moques-tu de moi?

NICOLE (cherchant à se contenir et finissant par éclater).

Nenni, Monsieur; j'en serais bien fâchée. Hi, hi, hi, hi, hi, hi.

M. JOURDAIN (d'un ton furieux).

Je te bâillerai sur le nez, si tu ris davantage.

NICOLE (cherchant vainement à se retenir).

Monsieur je ne puis pas m'en empêcher. Hi, hi, hi, hi, hi, hi.

M. JOURDAIN (hors de lui).

Tu ne t'arrêteras pas?

NICOLE (suffocant et riant encore).

Monsieur, je vous demande pardon; mais vous êtes si plaisant, que je ne saurais me tenir de rire Hi, hi, hi.

M. JOURDAIN (d'un ton irrité).

Mais voyez quelle insolence!

NICOLE (d'un ton moqueur).

Vous êtes tout à fait drôle comme cela. Hi, hi.

M. JOURDAIN (la poursuivant et levant la main, d'un ton de menace).

Je te...

NICOLE (voulant se retenir et éclatant[1]).

Je vous prie de m'excuser. Hi, hi, hi, hi.

M. JOURDAIN (d'un ton menaçant et furieux).

Tiens, si tu ris encore le moins du monde, je te jure que je t'appliquerai sur la joue | le plus grand soufflet qui se soit jamais donné.

(Il lève le bras pour frapper Nicole, celle-ci lui retient le bras).

NICOLE (se remettant et d'un ton plus posé).

Eh bien, Monsieur, voilà qui est fait : je ne rirai plus.

M. JOURDAIN (se radoucissant).

Prends-y bien garde. Il faut que, pour tantôt, tu nettoies...

NICOLE (avec un rire étouffé).

Hi, hi.

M. JOURDAIN (lui lançant un coup d'œil, puis continuant).

Que tu nettoies comme il faut...

NICOLE (réprimant un second éclat de rire).

Hi, hi.

M. JOURDAIN (après un second coup d'œil, reprenant d'un ton plus ferme).

Il faut, dis-je, que tu nettoies la salle, et...

NICOLE (éclatant).

Hi, hi.

1. Nicole, M. Jourdain.

M. JOURDAIN (d'un ton colère).

Encore?

NICOLE (tombant à force de rire).

Tenez, Monsieur, battez-moi plutôt, et me laissez rire tout mon soûl; cela me fera plus de bien. Hi, hi, hi, hi, hi.

M. JOURDAIN (d'un ton vexé).

J'enrage.

NICOLE (riant et suffocant).

De grâce, Monsieur, je vous prie de me laisser rire. Hi, hi, hi.

M. JOURDAIN (la menaçant et d'un ton colère).

Si je te prends...

NICOLE (respirant à peine et s'esclaffant[1]).

Monsieur... eur, je crèverai... si si je ne ris. Hi, hi, hi.

M. JOURDAIN (hors de lui et d'un ton irrité).

Mais a-t-on jamais vu une pendarde comme celle-là, qui me vient rire insolemment au nez, au lieu de recevoir mes ordres!

NICOLE (se remettant enfin et d'un ton de déférence).

Que voulez-vous que je fasse Monsieur?

---

1. M. Jourdain, Nicole.

M. JOURDAIN (d'un ton d'autorité).

Que tu songes, coquine ! à préparer ma maison pour la compagnie | qui doit venir tantôt.

NICOLE (se relevant et d'un ton sérieux).

Ah ! par ma foi, je n'ai plus envie de rire, et toutes vos compagnies font tant de désordres céans, que ce mot est assez | pour me mettre en mauvaise humeur.

M. JOURDAIN (d'un ton ironique).

Ne dois-je point pour toi | fermer ma porte à tout le monde ?

NICOLE (d'un ton grognon).

Vous devriez au moins la fermer à certaines gens.

(Après cette scène, Madame Jourdain paraît et reste abasourdie en voyant le costume ridicule que porte son mari.)

SCÈNE III

MADAME JOURDAIN, JOURDAIN, NICOLE, DEUX LAQUAIS[1]

MADAME JOURDAIN (d'un ton surpris et mécontent).

Ah ! ah ! voici une nouvelle histoire ! Qu'est-ce que c'est donc, mon mari, que cet équipage-là ?

1. M. Jourdain, Madame Jourdain, Nicole.

(D'un ton de reproche).

Vous moquez-vous du monde, de vous être fait enharnacher de la sorte, et avez-vous envie qu'on se raille partout de vous?

M. JOURDAIN (d'un ton fâché).

Il n'y a que des sots | et des sottes, ma femme, qui se railleront de moi.

MADAME JOURDAIN (d'un ton gouailleur).

Vraiment on n'a pas attendu jusqu'à cette heure ; et il y a longtemps que vos façons de faire | donnent à rire à tout le monde.

M. JOURDAIN (d'un ton curieux et moqueur).

Qui est donc tout ce monde-là, s'il vous plaît ?

MADAME JOURDAIN (d'un ton d'autorité).

Tout ce monde-là | est un monde qui a raison, et qui est plus sage que vous.

(Avec un ton d'indignation).

Pour moi, je suis scandalisée de la vie que vous menez. Je ne sais plus ce que c'est que notre maison.

On n'y reconnaît plus rien

On dirait qu'il est céans carême-prenant tous les jours; et, dès le matin, de peur d'y manquer, on y entend des vacarmes de violons et de chanteurs | dont tout le voisinage se trouve incommodé.

NICOLE (d'un ton approbatif).

Madame parle bien.

C'est insupportable à la fin,

Je ne saurais plus voir mon ménage propre | avec cet attirail de gens | que vous faites venir chez vous.

(Avec un ton bourru).

Ils ont des pieds | qui vont chercher de la boue dans tous les quartiers de la ville | pour l'apporter ici; et la pauvre Françoise est presque sur les dents, à frotter les planchers | que vos beaux maîtres | viennent crotter régulièrement tous les jours.

M. JOURDAIN (d'un ton vexé et allant vers Nicole).

Ouais, notre servante Nicole, vous avez le caquet bien affilé pour une paysanne !

MADAME JOURDAIN (d'un ton de reproche [1]).

Nicole a raison, et son sens est meilleur que le vôtre.

(D'un ton railleur).

Je voudrais bien savoir ce que vous pensez faire d'un maître à danser à l'âge que vous avez?

NICOLE (avec le même ton).

Et d'un maître tireur d'armes, qui vient avec

1. Madame Jourdain, Jourdain, Nicole.

ses battements de pied, ébranler toute la maison, et nous déraciner tous les carriaux de notre salle !

M. JOURDAIN (d'un ton de commandement).

Taisez-vous, ma servante | et ma femme.

MADAME JOURDAIN (d'un ton ironique).

Est-ce que vous voulez apprendre à danser pour quand vous n'aurez plus de jambes ?

NICOLE (avec le même ton).

Est-ce que vous avez envie de tuer quelqu'un ?

M. JOURDAIN (d'un ton énergique).

Taisez-vous vous dis-je :

(D'un ton méprisant).

vous êtes des ignorantes l'une et l'autre, et vous ne savez pas les prérogatives de tout cela.

MADAME JOURDAIN (d'un ton de blâme).

Vous devriez bien plutôt songer à marier votre fille, qui est en âge d'être pourvue.

M. JOURDAIN (d'un ton important).

Je songerai à marier ma fille | quand il se présentera un parti pour elle ; mais je veux songer aussi à apprendre les belles choses.

NICOLE (d'un ton narquois).

J'ai encore ouï dire, Madame, qu'il a pris aujourd'hui, pour renfort de potage, un maître de philosophie.

M. JOURDAIN (d'un ton approbatif).

Fort bien, je veux avoir de l'esprit, et savoir raisonner des choses | parmi les honnêtes gens.

MADAME JOURDAIN (d'un ton gouailleur).

N'irez-vous point, l'un de ces jours, au collège, vous faire donner le fouet, à votre âge ?

M. JOURDAIN (d'un ton très sérieux).

Pourquoi non ? Plut à Dieu l'avoir tout à l'heure, le fouet, devant tout le monde, et savoir ce qu'on apprend au collège !

NICOLE (d'un ton moqueur).

Oui, ma foi! cela vous rendrait la jambe bien mieux faite.

M. JOURDAIN (d'un ton d'approbation).

Sans doute.

MADAME JOURDAIN (sur le même ton que Nicole).

Tout cela est fort nécessaire pour conduire votre maison !

M. JOURDAIN (d'un ton obstiné).

Assurément.

(Avec un ton dédaigneux).

Vous parlez toutes deux comme des bêtes, et j'ai honte de votre ignorance.

(A madame Jourdain et d'un ton de connaisseur).

Par exemple, savez-vous, vous, ce que c'est que vous dites à cette heure ?

MADAME JOURDAIN (d'un ton bonasse).

Oui. Je sais que ce que je dis | est fort bien dit, et que vous devriez songer à vivre d'autre sorte.

M. JOURDAIN (d'un ton de réfutation).

Je ne parle pas de cela.

(Appuyant avec malice).

Je vous demande ce que c'est que les paroles que vous dites.

MADAME JOURDAIN (appuyant à son tour et d'un ton bourru).

Ce sont des paroles bien sensées et votre conduite ne l'est guère.

M. JOURDAIN (d'un ton contrarié).

Je ne parle pas de cela, vous dis-je.

(Appuyant avec insistance).

Je vous demande ce que je parle avec vous, ce que je vous dis à cette heure, qu'est-ce que c'est ?

MADAME JOURDAIN (d'un ton brusque).

Des chansons.

M. JOURDAIN (d'un ton très irrité et appuyant encore plus).

Eh ! non, ce n'est pas cela. Ce que nous disons tous deux, le langage que nous parlons à cette heure ?...

MADAME JOURDAIN (d'un ton supris).

Eh bien ?

M. JOURDAIN (d'un ton insinuant).

Comment est-ce que cela s'appelle ?

MADAME JOURDAIN (d'un ton naïf).

Cela s'appelle | comme on veut l'appeler.

M. JOURDAIN (d'un ton très important).

C'est de la prose ; ignorante !

MADAME JOURDAIN (d'un ton d'effarement).

De la prose ?

M. JOURDAIN (d'un ton de suffisance).

Oui, de la prose. Tout ce qui est prose | n'est point vers, et tout ce qui n'est point vers | est prose. Eh ! voilà ce que c'est que d'étudier !

(A Nicole).

Et toi, sais-tu bien comment il faut faire pour dire un U ?

NICOLE (d'un ton étonné).

Comment ?

M. JOURDAIN (appuyant).

Oui. Qu'est-ce que tu fais quand tu dis U ?

NICOLE (d'un ton très interrogatif).

Quoi ?

M. JOURDAIN (d'un ton dépité).

Dis un peu U, pour voir.

NICOLE (d'un ton naïf et lourd).

Eh bien, U.

M. JOURDAIN (d'un ton important).

Qu'est-ce que tu fais?

NICOLE (d'un ton très simple).

Je dis U.

M. JOURDAIN (d'un ton d'impatience).

Oui : mais quand tu dis U, qu'est-ce que tu fais?

NICOLE (toujours d'un ton très naïf).

Je fais ce que vous me dites.

M. JOURDAIN (d'un ton irrité).

Oh! l'étrange chose que d'avoir affaire à des bêtes!

(D'un ton important.)

Tu allonges les lèvres en dehors, et approches la mâchoire d'en haut de celle d'en bas : U, vois-tu? Je fais la moue : U

NICOLE (d'un ton moqueur).

Oui cela est biau.

MADAME JOURDAIN (sur le ton de Nicole).

Voilà qui est admirable

M. JOURDAIN (d'un ton sentencieux).

C'est bien autre chose, si vous aviez vu O, et DA, DA, et FA, FA.

MADAME JOURDAIN (d'un ton d'effarement).

Qu'est-ce que c'est que tout ce galimatias-là?

NICOLE (sur le même ton que madame Jourdain).

De quoi est-ce que tout cela guérit?

M. JOURDAIN (d'un ton exaspéré).

J'enrage, quand je vois des femmes ignorantes!

MADAME JOURDAIN (d'un ton de reproche).

Allez, vous devriez envoyer promener tous ces gens-là, avec leurs fariboles.

NICOLE (d'un de mécontentement).

Et surtout ce grand escogriffe de maître d'armes, qui remplit de poudre tout mon ménage.

M. JOURDAIN (d'un ton railleur).

Ouais! ce maître d'armes vous tient au cœur!

(D'un ton plus simple).

Je te veux faire voir ton impertinence tout à l'heure.

(Après avoir fait apporter des fleurets, et en avoir donné un à Nicole).

Tiens, raison démonstrative;

(Se plaçant et plaçant Nicole.)

la ligne du corps.

(Expliquant avec soin à Nicole, en lui faisant voir les mouvements du bras qui tient l'épée).

Quand on pousse en quarte, on n'a qu'à faire cela; et, quand on pousse en tierce, on n'a qu'à faire cela.

(D'un ton très naïf et très convaincu).

Voilà le moyen de n'être jamais tué; et cela n'est-il pas beau d'être assuré de son fait | quand on se bat contre quelqu'un ?

(Avec un ton satisfait).

Là, pousse un peu pour voir.

NICOLE (d'un ton de condescendance).

Eh bien quoi ?

(Nicole pousse plusieurs bottes à M. Jourdain qui ne peut les parer et recule devant elle en tournant).

M. JOURDAIN (d'un ton irrité et craintif).

Tout beau ! Holà ! ho ! Doucement ! Diantre soit la coquine !

NICOLE (d'un ton naïf).

Vous me dites de pousser.

M. JOURDAIN (d'un ton fâché).

Oui; mais tu me pousses en tierce | avant que pousser en quarte, et tu n'as pas la patience que je pare.

MADAME JOURDAIN (d'un ton mécontent).

Vous êtes fou, mon mari, avec toutes vos fantaisies; et cela vous est venu depuis que vous vous mêlez de hanter la noblesse.

M. JOURDAIN (d'un ton important).

Lorsque je hante la noblesse, je fais paraître

mon jugement; et cela est plus beau que de hanter votre bourgeoisie.

MADAME JOURDAIN (d'un ton moqueur).

Çamon[1] vraiment! il y a fort à gagner à fréquenter vos nobles, et vous avez bien opéré avec ce beau monsieur le comte, dont vous vous êtes embéguiné!

M. JOURDAIN (d'un ton de commandement).

Paix; songez à ce que vous dites.

(D'un ton grave et important).

Savez-vous bien ma femme, que vous ne savez pas de qui vous parlez, quand vous parlez de lui? C'est une personne d'importance | plus que vous ne pensez, seigneur que l'on considère à la cour, et qui parle au roi tout comme je vous parle.

(D'un ton glorieux et fier).

N'est-ce pas une chose | qui, m'est tout à fait honorable, que l'on voie venir chez moi si souvent | une personne de cette qualité, qui m'appelle son cher ami, et me traite comme si j'étais son égal?

(Avec un ton de satisfaction).

Il a pour moi des bontés qu'on ne devinerait jamais; et, devant tout le monde, il me fait des caresses | dont je suis moi-même confus.

1. Archaïsme qui signifie : c'est mon sentiment assuré.

MADAME JOURDAIN (d'un ton grognon).

Oui, il a des bontés pour vous, et vous fait des caresses; mais il vous emprunte votre argent.

M. JOURDAIN (d'un ton ravi).

Eh bien, ne m'est-ce pas de l'honneur de prêter de l'argent | à un homme de cette condition-là? et puis-je faire moins pour un seigneur qui m'appelle son cher ami?

MADAME JOURDAIN (d'un ton fâché).

Et ce seigneur, que fait-il pour vous?

M. JOURDAIN (d'un ton mystérieux).

Des choses | dont on serait étonné, si on les savait.

MADAME JOURDAIN (d'un ton d'insistance).

Et quoi?

M. JOURDAIN (d'un ton de suffisance).

Baste! je ne puis pas m'expliquer.

(Avec un ton d'affirmation.)

Il suffit que, si je lui ai prêté de l'argent il me le rendra bien, et avant qu'il soit peu.

MADAME JOURDAIN (d'un ton de doute).

Oui attendez-vous à cela!

M. JOURDAIN (d'un ton convaincu).

Assurément. Ne me l'a-t-il pas dit?

MADAME JOURDAIN (d'un ton railleur).

Oui, oui; il ne manquera pas d'y faillir.

M. JOURDAIN (d'un ton d'assurance).

Il m'a juré sa foi de gentilhomme.

MADAME JOURDAIN (d'un ton de doute).

Chansons!

M. JOURDAIN (d'un ton irrité).

Ouais! vous êtes bien obstinée, ma femme! Je vous dis qu'il me tiendra sa parole; j'en suis sûr.

MADAME JOURDAIN (d'un ton très affirmatif et plus haut que celui de son mari).

Et moi, je suis sûre que non, et que toutes les caresses qu'il vous fait | ne sont que pour vous enjoler.

M. JOURDAIN (d'un ton furieux).

Taisez-vous! le voici.

MADAME JOURDAIN (d'un ton bougon).

Il ne nous faut plus que cela. Il vient peut-être encore vous faire quelque emprunt; et il me semble que j'ai dîné | quand je le vois.

M. JOURDAIN (d'un ton impératif et à demi-voix).

Taisez-vous, vous dis-je!

(Il leur fait signe de sortir).

MONSIEUR LE MINISTRE

COMÉDIE EN CINQ ACTES

Par M. Jules CLARETIE [1]

Cette charmante comédie de M. J. Claretie a obtenu, en 1883, un beau succès au Gymnase.

Il y a dans cette œuvre plusieurs scènes intéressantes dans lesquelles les caractères sont tracés par un observateur habile et un véritable philosophe.

Nous avons détaché la cinquième scène du premier acte en la faisant précéder de quelques répliques de la quatrième scène qui la complètent, et nous avons ainsi un fragment de la pièce qui donnera certainement envie de la lire à tous ceux qui n'ont pas eu le plaisir de la voir jouer.

Il faut jouer Vaudrey avec beaucoup de fougue et d'ardeur, Lissac avec beaucoup de bonhommie et

[1] E. Dentu, éditeur.

d'esprit le premier est dans l'enthousiasme du triomphe, le second voit l'avenir et juge avec plus de calme et de raison.

ACTE Ier, SCÈNES IV et V
LISSAC, VAUDRAY [1]

LISSAC (d'un ton obligeant, remettant une dépêche à Vaudrey).

Une dépêche pour toi, mon ami !

VAUDREY (d'un ton empressé).

Une dépêche pour moi ? Nouvelles de Paris, sans doute ! Voyons.

(Il ouvre la dépêche et pousse un cri de surprise.)

Ah !

LISSAC (d'un ton inquiet).

Quoi donc ? ce n'est pas un malheur ?

VAUDREY (vivement et d'un ton joyeux).

Non ! au contraire !...

LISSAC (d'un ton curieux).

Qu'y a-t-il donc ?

VAUDREY (lisant d'un ton ému).

« Mon cher Vaudrey, le ministère Pichereau est

---

1. Lissac entre de gauche, Vaudrey, assis à droite, se lève.

« renversé... On m'offre de constituer un cabinet.
« Votre nom est tout indiqué au premier rang.
« Accepteriez-vous le portefeuille de l'intérieur? »

LISSAC (d'un ton d'étonnement).

Ah! bah!

VAUDREY (d'un ton allègre).

Tu vois que de là | à un malheur | il y a loin

LISSAC (d'un ton goguenard).

Euh! euh! pas si loin que ça! tu acceptes?

VAUDREY (d'un ton surpris).

Dame... est-ce que tu voudrais que...

LISSAC (d'un ton hésitant).

Moi! non! Mais... être bombardé comme ça... brusquement... ministre... Et tu pars?...

VAUDREY (d'un ton d'exaltation).

Dans deux heures!... C'est à Paris qu'on vit, qu'on est quelqu'un | et qu'on peut faire de grandes choses! Ministre.

(D'un ton de regret et d'émotion).

Je voudrais que mes pauvres vieux fussent encore de ce monde | pour les embrasser, tiens...

(Avec effusion se jetant dans les bras de Lissac).

Comme je t'embrasse.

(D'un ton bien simple et bien joyeux).

Dis donc Lissac... ça ne t'étonne pas un peu de me voir ministre?

LISSAC (avec une bonhommie malicieuse).

C'est un accident comme un autre! Et assez fréquent aujourd'hui...

VAUDREY (d'un ton joyeux et exalté).

Ah! mon cher ami, quand je piochais mon droit, au quartier latin, hôtel Racine, rue Racine, qu'est-ce qui m'aurait dit que j'aurais Paris à gouverner?...

LISSAC (d'un ton narquois).

Sans le connaître!...

VAUDREY.

Quand je pense que

Je faisais des économies | pour m'offrir un parterre à l'Odéon | quand on jouait Ponsard!...

LISSAC (d'un ton railleur).

Et maintenant | on va te porter sur un plateau | la clef du foyer de la danse...

(Se reprenant).

Non, au fait, la danse, ça n'est pas de ton ressort : ça regarde l'Instruction publique !

VAUDREY (d'un ton un peu boudeur).

Voyons, ne raille pas ! Tu es toujours à considérer les événements d'un air narquois !

LISSAC (riant et d'un air dégagé).

C'est que c'est en effet ce qu'il y a de plus adroit dans la vie... Regarder jouer la comédie... et tâcher de la jouer soi-même | le moins possible !

VAUDREY (d'un ton bienveillant).

Égoïste ! et si je te priais de me rendre un service... un grand service ?...

LISSAC (surpris et d'un ton empressé).

Un service ?... Parle...

VAUDREY (d'un ton ému et chaud).

Ce que je te demande... ce que j'exige de ton amitié, c'est de m'aider dans mes nouvelles fonctions.

LISSAC (d'un ton ahuri).

Comprends pas du tout.

VAUDREY (d'un ton explicatif).

Tu vas comprendre ! Une fois au Ministère, à

qui me fier, sur qui compter, si ce n'est sur un ami absolu ?

Eh bien, toi,

Tu as fait ton droit, tu es pratique, tu pourrais, demain, administrer facilement un département...

LISSAC (d'un ton ironique).

Toujours aussi mal que Laverpillière, je t'en réponds !

VAUDREY (d'un ton sérieux).

Ne plaisante pas, et accepte d'être mon secrétaire général.

LISSAC (d'un ton d'ébahissement).

Ton secrétaire général, moi ?

VAUDREY (d'un ton engageant).

Je serai sûr, du moins, de n'être ni espionné, ni trahi !

Allons, voyons,

Est-ce dit ? Oh ! ne réfléchis pas...

LISSAC (d'un ton décidé).

C'est que, mon cher, sans avoir d'opinions arrêtées, j'ai un principe : c'est qu'il faut toujours être de l'opposition !

Tu comprends pourquoi,

Tous les gouvernements faisant des bêtises, on

est du moins à peu près certain d'avoir pour soi | les gens d'esprit.

VAUDREY (avec un ton d'insistance).

Ne plaisante plus | et consens à m'aider | pour que je fasse une œuvre utile.

Voyons, ne me repousse pas.

Nous ne sommes pas deux amis, nous sommes deux frères, tu ne peux pas me refuser cela !

LISSAC (d'un ton ému et bon).

Non, car un jour | ton père a rendu au mien | le plus signalé service.

VAUDREY (d'un ton affectueux et confus).

Vas-tu pas parler de cela ? Il y a si longtemps ! Et puis un service d'argent !...

LISSAC (riant et d'un ton narquois).

Eh ! ce sont ceux-là qu'on aime le moins à rendre.

VAUDREY (d'un ton bienveillant).

Je l'ai oublié, n'en parlons plus.

LISSAC (d'un ton ferme et grave).

Tu peux l'oublier,

Je me le rappelle, moi, parlons-en, au contraire.

Ah! quand je pense à cela!

Mon pauvre père, la loyauté et la confiance

même, avait, lui, ancien magistrat, été attiré par des opérations de bourse !...

(D'un ton navré et bas).

En un jour... en une minute... toute sa fortune disparaissait... plus que sa fortune... son honneur, puisqu'il ne pouvait payer...

Ah! je n'en puis douter

Il se serait tué... Les provinciaux ont de ces scrupules... Mes ressources personnelles ne suffisaient pas... Ton père est venu... il a donné ce qu'il avait...

VAUDREY (d'un ton simple et convaincu).

N'est-ce pas bien naturel ?

Au besoin, il se serait endetté pour son vieux camarade d'enfance !...

LISSAC (d'un ton de remerciment).

Je le sais, mais enfin

Je lui ai dû, à lui, et par conséquent à toi, les dernières années heureuses de mon père, et mon indépendance à moi !

VAUDREY (d'un ton tendre et lui tendant les mains).

Les deux amis ont disparu... ils revivent dans deux compagnons aussi dévoués l'un à l'autre.

LISSAC (d'un ton affectueux et sincère).

Ah ! comme j'ai souvent cherché l'occasion de te rendre à mon tour | un vrai service...

VAUDREY (riant et d'un ton engageant).

Eh bien! en voilà peut-être l'occasion.

Tu me connais,

Tu sais comme je suis... Facile à m'exalter dans le premier moment; aussi intelligent qu'un autre pour deviner le danger, pas assez adroit pour l'éviter, désillusionné par bien des côtés, mais naïf en somme.

Ne dis pas le contraire,

Ah! je me connais bien!...

LISSAC (d'un ton approbatif et gai).

Moi aussi je te connais va!... c'est pour cela que j'accepte... Et puis les coulisses de la politique sont les seules que je n'aie pas fréquentées! Ça m'amusera peut-être plus que celles de l'Opéra!

VAUDREY (d'un ton moqueur).

Ça se ressemble un peu, dit-on ; seulement à l'Opéra on danse, tandis qu'au ministère...

LISSAC (d'un ton spirituel et fin).

On saute.

VAUDREY (d'un ton résolu).

Eh bien ! nous sauterons ensemble.

LISSAC (en tendant la main et d'un ton déridé).

C'est signé, monsieur le Ministre!

VAUDREY (lui serrant la main et d'un ton affectueux et reconnaissant).

Et paraphé, monsieur le Secrétaire général.

Monsieur le Ministre,
Jules CLARETIE [1].

[1] E. Dentu, éditeur.

LE MÉDECIN MALGRÉ LUI

COMÉDIE EN TROIS ACTES

De J.-B.-P. MOLIÈRE

ACTE I, SCÈNE I
SGANARELLE, MARTINE [1]

SGANARELLE (d'un ton colère).

Non, je te dis que je n'en veux rien faire, et que c'est à moi de parler et d'être le maître.

MARTINE (d'un ton colère).

Et je te dis, moi, que je veux que tu vives à ma fantaisie, et que je ne suis point mariée avec toi pour souffrir tes fredaines.

SGANARELLE (d'un ton de mépris).

Oh! la grande fatigue que d'avoir une femme; et qu'Aristote a bien raison quand il dit qu'une femme est pire qu'un démon!

MARTINE (d'un ton railleur).

Voyez un peu l'habile homme, avec son bénêt d'Aristote!

[1]. Ils descendent en se disputant, Martine à droite, Sganarelle à gauche.

SGANARELLE (d'un ton réfutation).

Oui, habile homme. Trouve-moi un faiseur de fagots qui sache comme moi raisonner des choses.

MARTINE (d'un ton de mépris).

Peste du fou fieffé!

SGANARELLE (même ton que Martine).

Peste de la carogne!

MARTINE (d'un ton de regret).

Que maudits soient l'heure et le jour où je m'avisai d'aller dire oui!

SGANARELLE (même ton que Martine, plus accusé).

Que maudit soit le bec cornu de notaire qui me fit signer ma ruine!

MARTINE (relevant le ton et se vantant).

C'est bien à toi, vraiment, à te plaindre de cette affaire! Devrais-tu être un seul moment sans rendre grâces au ciel de m'avoir pour ta femme? et méritais-tu d'épouser une personne comme moi?

SGANARELLE (d'un ton goguenard).

Il est vrai que tu me fis trop d'honneur, et que j'eus lieu de me louer... Eh! morbleu, ne me fais point parler là-dessus : je dirais certaines choses...

MARTINE (d'un ton de défi).

Quoi? que diras-tu?

SGANARELLE (d'un ton d'assurance).

Baste, laissons là ce chapitre. Il suffit que nous savons ce que nous savons, et que tu fus bien heureuse de me trouver.

MARTINE (d'un ton de réfutation).

Qu'appelles-tu bien heureuse de te trouver? Un homme qui me réduit à l'hôpital; un débauché, un traître, qui me mange tout ce que j'ai!

SGANARELLE (d'un ton de restriction).

Tu as menti! j'en bois une partie.

MARTINE (d'un ton de reproche).

Qui me vend pièce à pièce, tout ce qui est dans le logis.

SGANARELLE (d'un ton de justification).

C'est vivre de ménage.

MARTINE (même ton que plus haut mais plus accusé).

Qui m'a ôté jusqu'au lit que j'avais.

SGANARELLE (d'un ton d'approbation).

Tu t'en lèveras plus matin.

MARTINE (même ton encore, mais plus accusé).

Enfin qui ne laisse aucun meuble dans toute la maison!...

SGANARELLE (d'un ton dégagé).

On en déménage plus aisément.

MARTINE (même ton toujours).

Et qui du matin jusqu'au soir, ne fait que jouer et que boire.

SGANARELLE (d'un ton allègre et vif).

C'est pour ne me point ennuyer.

MARTINE (d'un ton de demande et irrité).

Et que veux-tu, pendant ce temps, que je fasse, avec ma famille ?

SGANARELLE (d'un ton d'indifférence).

Tout ce qu'il te plaira.

MARTINE (d'un ton ému).

J'ai quatre pauvres petits enfants sur les bras.

SGANARELLE (d'un ton dégagé).

Mets-les à terre.

MARTINE (même ton ému, plus accusé).

Qui me demandent à toute heure du pain.

SGANARELLE (d'un ton vif et décidé).

Donne-leur le fouet, quand j'ai bien bu et bien mangé, je veux que tout le monde soit gai dans ma maison.

MARTINE (d'un ton de menace).

Et tu prétends, ivrogne, que les choses aillent toujours de même ?

SGANARELLE (d'un ton de colère sourde).

Ma femme, allons tout doucement, s'il vous plaît.

MARTINE (montant le ton de la menace).

Que j'endure éternellement tes insolences et tes débauches ?

SGANARELLE (d'un ton de recommandation).

Ne nous emportons point, ma femme.

MARTINE (montant toujours le ton de la menace).

Et que je ne sache point trouver le moyen de te ranger à ton devoir?

SGANARELLE (d'un ton de menace).

Ma femme, vous savez que je n'ai pas l'âme endurante, et que j'ai le bras assez bon.

MARTINE (d'un ton méprisant).

Je me moque de tes menaces!

SGANARELLE (montant le ton de la menace.

Ma petite femme, ma mie, votre peau vous démange, à votre ordinaire.

MARTINE (d'un ton narquois et irrité).

Je te montrerai bien que je ne te crains nullement.

SGANARELLE (se contenant à peine).

Ma chère moitié, vous avez envie de me dérober quelque chose.

MARTINE (d'un ton de résistance).

Crois-tu que je m'épouvante de tes paroles?

SGANARELLE (toujours très colère et prêt à éclater).

Doux objet de mes vœux, je vous frotterai les oreilles.

MARTINE (d'un ton injurieux et bas).

Ivrogne que tu es !

SGANARELLE (menaçant).

Je vous battrai.

MARTINE (même ton en montant la voix).

Sac à vin !

SGANARELLE (plus menaçant).

Je vous rosserai.

MARTINE (même ton, montant toujours).

Infâme !

SGANARELLE (encore plus menaçant).

Je vous étrillerai.

MARTINE (l'invectivant en allant de plus en plus vite [1]).

Traître ! insolent ! trompeur ! lâche ! coquin ! pendard ! gueux ! belître ! fripon ! maraud ! voleur !

SGANARELLE (prenant son parti et saisissant le bras de Martine).

Ah ! vous en voulez donc ?

(Sganarelle a pris un bâton et bat sa femme).

MARTINE (criant et pleurant).

Ah ! ah ! ah ! ah !

SGANARELLE (d'un ton doctoral).

Voilà le vrai moyen de vous apaiser.

1. Martine marche sur Sganarelle qui recule devant elle en tournant autour de la scène puis celui-ci ramasse un bâton et le lève sur la dernière réplique de *voleur*.

SCÈNE II

M. ROBERT, SGANARELLE, MARTINE [1]

(Robert vient de gauche.)

M. ROBERT (d'un ton de reproche allant d'abord vers Sganarelle, puis vers Martine).

Hola! hola! hola! fi! Qu'est ceci? Quelle infamie! Peste soit le coquin de battre ainsi sa femme!

MARTINE à M. ROBERT (se retournant, le toisant et d'un ton de défi).

Et je veux qu'il me batte, moi!

M. ROBERT (d'un ton de surprise et de condescendance).

Ah! j'y consens de tout mon cœur!

MARTINE (d'un ton agressif).

De quoi vous mêlez-vous?

M. ROBERT (d'un ton confus).

J'ai tort,

MARTINE (d'un ton brusque).

Est-ce là votre affaire?

M. ROBERT (d'un ton approbatif).

Vous avez raison.

MARTINE (d'un ton de remontrance).

Voyez un peu cet impertinent, qui veut empêcher les maris de battre leur femme!

1. Sganarelle, Robert, Martine.

M. ROBERT (d'un ton de justification).

Je me rétracte.

MARTINE (d'un ton hardi).

Qu'avez-vous à voir là-dessus!

M. ROBERT (d'un ton ébahi).

Rien.

MARTINE (même ton hardi).

Est-ce à vous d'y mettre le nez?

M. ROBERT (même ton ébahi).

Non!

MARTINE (d'un ton de blâme).

Mêlez-vous de vos affaires.

M. ROBERT (d'un ton de justification).

Je ne dis plus mot.

MARTINE (d'un ton satisfait).

Il me plaît d'être battue.

M. ROBERT (d'un ton approbatif).

D'accord.

MARTINE (d'un ton effronté).

Ce n'est pas à vos dépens.

ROBERT (d'un ton de vive approbation).

Cela est vrai.

MARTINE (d'un ton violent et injurieux).

Et vous n'êtes qu'un sot de venir vous fourrer ou vous n'avez que faire,

(Elle lui donne un soufflet, Robert va vers Sganarelle qui lui tourne le dos).

M. ROBERT à SGANARELLE (d'un ton humble et vexé).

Compère, je vous demande pardon de tout mon cœur. Faites, rossez, battez comme il faut votre femme, je vous aiderai, si vous le voulez.

SGANARELLE (se retournant et d'un ton hautain).

Il ne me plaît pas, moi.

M. ROBERT (d'un ton surpris et confus).

Ah ! c'est une autre chose...

SGANARELLE (d'un ton ferme et décidé).

Je la veux battre, si je le veux ; et ne la veux pas battre, si je ne le veux pas.

M. ROBERT (d'un ton approbatif).

Fort bien.

SGANARELLE (d'un ton dégagé).

C'est ma femme, et non pas la vôtre.

M. ROBERT (même ton approbatif).

Sans doute.

SGANARELLE (d'un ton hardi).

Vous n'avez rien à me commander.

M. ROBERT (d'un ton approbatif).

D'accord.

SGANARELLE (d'un ton très décidé).

Je n'ai que faire de votre aide.

M. ROBERT (même ton humble et approbatif).

Très volontiers.

SGANARELLE (d'un ton violent et injurieux).

Et vous êtes un impertinent de vous ingérer des affaires d'autrui!

Apprenez que Cicéron dit qu'entre l'arbre et le doigt | il ne faut pas mettre l'écorce.

(Il prend Robert par le bras, le bat et le chasse. Robert sort à droite).

SCÈNE III

SGANARELLE, MARTINE [1]

SGANARELLE (allant vers Martine et d'un ton doux).

Oh ça! faisons la paix nous deux. Touche là.

MARTINE (d'un ton boudeur).

Oui, après m'avoir ainsi battue!

SGANARELLE (d'un ton dégagé, puis amical).

Cela n'est rien. Touche.

MARTINE (même ton boudeur).

Je ne veux pas.

SGANARELLE (d'un ton câlin).

Eh!

1. Sganarelle, Martine.

MARTINE (d'un ton ferme).

Non.

SGANARELLE (même ton câlin)

Ma petite femme!

MARTINE (même ton ferme).

Point!

SGANARELLE (même ton câlin).

Allons, te dis-je.

MARTINE (même ton ferme).

Je n'en ferai rien.

SGANARELLE (d'un ton pressant et lui prenant la main).

Viens, viens, viens.

MARTINE (se dégageant passe devant lui et d'un ton décidé [1]).

Non! Je veux être en colère.

SGANARELLE (d'un ton de doux reproche, puis plus tendre).

Fi! c'est une bagatelle. Allons, allons.

MARTINE (du ton de quelqu'un qui va céder).

Laisse-moi. là.

SGANARELLE (d'un ton très aimable).

Touche, te dis-je.

MARTINE (boudeuse et d'un ton ému).

Tu m'as trop maltraitée.

SGANARELLE (la faisant tourner devant lui et d'un ton tendre).

Eh bien, va je te demande pardon; mets là ta main.

1. Sganarelle va près de Martine qui est à gauche.

MARTINE (d'un ton de condescendance).

Je te pardonne,

(Bas à part.)

Mais tu la payeras.

SGANARELLE (d'un ton allègre).

Tu es une folle de prendre garde à cela :

Je t'assure que

ce sont petites choses qui sont de temps en temps nécessaires dans l'amitié ; et cinq ou six coups de bâton, entre gens qui s'aiment, ne font que regaillardir l'affection.

Sois tranquille,

Va, je m'en vais au bois, et je te promets aujourd'hui plus d'un cent de fagots.

Le Médecin malgré lui.

J. P. Molière.

LES OUVRIERS

COMÉDIE EN UN ACTE

De M. E. MANUEL

Le succès obtenu par cette œuvre dramatique de M. E. Manuel s'explique par l'intérêt croissant de l'intrigue, la franchise des caractères, un vers sobre et net qui dit toujours clairement ce qu'il veut dire.

Dans la scène capitale entre Morin et Marcel les deux types d'ouvriers sont artistement dessinés.

Le premier représente l'ouvrier d'autrefois, bon cœur, mais brutal, et ne se méfiant pas assez du cabaret.

Le second représente l'ouvrier d'aujourd'hui, plus sage, plus sensé, désireux de s'instruire pour s'élever, et sûr de lui, parce qu'il ne cède pas aux entraînements de la vie dissipée et oisive.

(Il faut donner à Morin un ton de bonhommie se cachant par moments sous une apparence de brusquerie, à Marcel un ton aimable et franc, une certaine exaltation quelquefois (beaucoup de dignité toujours.)

SCÈNE IV

MORIN, MARCEL

(On frappe).

MARCEL (du ton d'un homme qui se rappelle quelque chose).

On frappe... ah! le patron d'Hélène? allons! c'est
[lui!—

J'étais si troublé que
Je l'oubliais ! — tout vient à la fois aujourd'hui !

(*Il va ouvrir*).

(D'un ton indifférent.)
Entrez...

MORIN (paraît sur le pas de la porte du fond ; examinant la chambre de Marcel et d'un ton bienveillant).

C'est bien ici, n'est-ce pas, que demeure —
Madame François ?...

MARCEL (un peu embarrassé).

Oui, Monsieur, et tout à
[l'heure —
Elle va rentrer...

MORIN (d'un ton un peu curieux).

Bon ! c'est vous son fils ?

MARCEL (d'un ton simple).

C'est moi.

MORIN (d'un ton approbatif).

Fort bien. —

(Bas et d'un ton malin.)

Eh ! la petite a du goût par ma foi !

(Il va vers le fauteuil à gauche.)

MARCEL[1] (d'un ton interrogatif).

Et vous êtes monsieur Morin, | je le suppose ?...

MORIN (d'un ton bonhomme).

Tout juste ; je viens voir votre mère, et pour
[cause...

Vous devez savoir pourquoi, car
Hélène vous a dit que je devais venir ?
Voyons !...

(Il s'assied sur le fauteuil.)

MARCEL (d'un ton franc et bon).

Elle n'a pu, Monsieur, se contenir.
Ma mère | aurait voulu vous faire une visite...

MORIN (avec bonhomie).

Ah !

MARCEL (il a pris une chaise, s'assied et d'un ton d'excuse).

Mais la pauvre femme est timide : elle hésite.
Puis vous étiez absent depuis tantôt trois mois.

MORIN (d'un ton explicatif).

Je voyage en effet assez longtemps parfois;
Car je suis le patron, le commis et le reste;

Ah ! que voulez-vous?

C'est le mieux, quand on n'a qu'un commerce
[modeste.
N'est-ce pas votre avis ?... Or donc, j'étais absent.
Je reviens; la petite arrive en rougissant,
Me parle d'un secret qu'on ne peut plus me taire,
Me vante ma bonté, s'embrouille ; — alors je
[flaire —
Un amoureux;

(D'un ton futé).

j'aurais déjà dû m'en douter!

1. Morin, Marcel.

Mais il est si facile à moi de m'en conter !
Je n'y comprends trop rien, et suis sot pour mon
[âge !

(Marcel sourit, Morin d'un ton bonasse).

— Vous riez, vous blanc bec ?...

MARCEL (à part et d'un ton étonné).

Singulier personnage.

MORIN (d'un ton décidé et net).

Vous aimez ? c'est parfait ! Elle aussi ? Rien de
[mieux !

Je n'ai rien à dire à cela

Mais je veux un mari | qui soit laborieux,
Un brave homme, une pâte à père de famille !
Je veille sur l'enfant :

Que voulez-vous?

elle est presque ma fille ;
Sachant ce que j'étais, je sais ce qu'il lui faut,
Et veux en bonnes mains confier ce dépôt.

MARCEL (d'un ton affectueux et ému).

Ah ! que c'est bien à vous ! comme elle le mérite !
Ce visage d'enfant | cache une âme d'élite !
C'est un ange, Monsieur !... Si vous la connaissiez ?...

MORIN (d'un ton gouailleur).

Si je la connais, moi ? C'est plaisant ! Vous pensiez—
Que j'aurais recueilli cette chère petite,
Sans avoir dès longtemps reconnu son mérite !
Ses parents travaillaient pour moi, voilà six ans...

MARCEL (d'un ton reconnaissant).

Ah! si les gens étaient comme vous bienfaisants!

Mais je sais qu'

Hélène | dans son cœur a placé sa mémoire;
Elle n'est pas ingrate, et l'on sait son histoire!
Elle en parle toujours!

MORIN (très simplement et d'un ton de bonté).

Il est vrai que sans moi,
Elle et les deux marmots devenaient | Dieu sait
[quoi!

(D'un ton de grande commisération).

Pauvres enfants! je crois être encore à cette heure
Où la mort | vint deux fois frapper dans leur
[demeure:
C'était l'épidémie, — et ça pleuvait les deuils!
En huit jours tout au plus, je suivis deux cercueils!

Ah! quelle triste situation!

Trois enfants orphelins dans une chambre vide,
Effrayés d'être seuls | et d'un regard avide —
Me demandant qui donc veillerait sur leur sort
Dans cet isolement que leur faisait la mort;

Il faut le reconnaître

— Chacun, dans la maison, se mit de la partie;
Vous devinez : ce fut comme une sympathie!
J'ai reconnu que l'homme a du bon, ce jour-là,

(D'un ton affirmatif et large).

Et la fraternité pour moi se dévoila.

(D'un ton très simple).

— Ma foi ! je me chargeai du gros de la dépense.
Ah ! Monsieur! j'en reçus bientôt la récompense ;

Il faut l'avouer

Au commencement, dam! ce fut un embarras!

(D'un ton chaud et très ému).

Mais, la première fois que tous ces petits bras —
Se tendirent vers moi | pour m'embrasser ensemble,

(Il met la main sur son cœur).

Ce que j'éprouvai là, voyez-vous, ne ressemble —
A rien! je me sentis remué jusqu'au fond!

(Enlevez bien ce dernier vers).

Parbleu! les gens de cœur savent bien ce qu'il font!

(Il se lève).

MARCEL (se levant et lui prenant la main et d'un ton affectueux).

Laissez-moi cette main, Monsieur, que je la serre!

En agissant ainsi

Vous les avez tous trois sauvés de la misère !
O protecteur béni ! Providence! oh! c'est grand!
Et vous méritez bien tout ce que l'on vous rend.

MORIN (d'un ton plus simple).

Hélène avait treize ans, et sa volonté forte
Promettait une mère à défaut de la morte;
A l'œuvre | tous les jours | j'ai bientôt pu la voir,

(D'un ton de satisfaction).

Et la réalité | dépassa mon espoir.
Elle avait mille soins pour sa sœur et son frère,
S'instruisait, travaillait, faisait la ménagère,
Et me racontait tout, quand je les visitais.
Et moi, si vous saviez alors ce que j'étais !
Un assez mauvais drôle, égoïste irascible !
Ce qu'elle a fait de moi, c'est incompréhensible :

Ah ! je vous certifie qu'

Elle m'a retourné de la belle façon...

MARCEL (d'un ton curieux).

Vous étiez donc, Monsieur, sans famille et garçon ?

MORIN (brusquement et embarrassé).

J'étais veuf ; laissons ça...

passe à droite.)

MARCEL [1] (à part et d'un ton résolu).

que diable ! du courage !

(Haut et d'un ton décidé.)

Monsieur, je vous demande Hélène en mariage.

Vous pouvez être sûr que

Nous vous aimerons bien tous les deux : je vivrai —
Digne de vous et d'elle, et je vous bénirai !

MORIN (d'un ton de restriction).

Doucement ! nous n'avons pas touché le solide.

1. Marcel, Morin.

(D'un ton dogmatique).

L'amour se porte mal avec la poche vide !
La jeunesse est légère | et le ménage est lourd.

Voyons, expliquons-nous,

Que pouvez-vous gagner ?

          MARCEL (d'un ton explicatif).

Jusqu'à dix francs par
[jour ;
Mais je fais des progrès encor, et je persiste :

Persévérant comme il faut l'être.

Je ne suis qu'ouvrier, vous me verrez artiste.
Pour vous donner du cœur | l'amour est souverain.

(D'un ton fier).

Et je prétends plus tard anoblir mon burin !

          MORIN (d'un ton dubitatif).

C'est de l'aplomb !

          MARCEL (d'un ton ferme et assuré).

Chacun se fait ses destinées !

          MORIN (d'un ton d'incrédulité).

En êtes vous bien sur ? — On est jeune ?

          MARCEL (d'un ton affligé, mais ferme).

D'années ;
Mais de bonne heure en moi je me suis recueilli,

(D'un ton grave et doux).

Puis ma mère pleurait, et cela m'a vieilli !

MORIN (d'un ton peu convaincu).

Fort bien ! mais une fois que l'on est en ménage,
Les beaux projets s'en vont, c'est un autre langage,

Oh ! ne dites pas non,

J'ai vu la chose : on trouve au logis de l'ennui,
Et l'on croit faire assez | quand on y vient la nuit !
On se lasse bientôt d'un tas de servitudes,
Et l'on reprend un jour ses vieilles habitudes.

Que voulez-vous ?

Je connais l'ouvrier ; avouez-le, farceur,
On fête les lundis, on court, on est danseur.
On s'amuse ?...

MARCEL (d'un ton surpris et franc).

Moi ?... non.

MORIN (d'un ton d'incrédulité).

Un gaillard de votre âge,
On peut le soupçonner | sans qu'on lui fasse
[outrage :

Soyez franc ! allons !

Un petit coup de vin | dont on est échauffé ;
Le cabaret peut-être, en tout cas, le café !

MARCEL (d'un ton sincère et simple).

Ma foi, non ! rien du tout ! Je vous parle sans feinte.

MORIN (d'un ton ironique).

On est donc sans défaut, hein? le verre d'absinthe?...

MARCEL (d'un ton indigné).

L'absinthe ? ce poison couleur de vert-de-gris,
Qui vous rend idiot, sans qu'on soit jamais gris ?
Merci ! — Le cabaret? l'on sait ce qu'on y gagne!

Oh! vraiment! c'est un

Singulier goût | d'aimer à battre la campagne!

Quant à moi,

Je n'ai jamais compris, sobre dès le matin,
Les éblouissements de ce comptoir d'étain !
Voyez-vous, ma raison, qu'un pareil soupçon blesse,
Fait de la tempérance un titre de noblesse.
La misère et le vice ont besoin de l'oubli :

(D'un ton très ferme).

J'aime trop mon bon sens pour le voir affaibli;
Et nous n'avons pas trop de notre intelligence,
Nous autres pour combattre | et vaincre l'ignorance.

MORIN (à part et d'un ton vexé).

J'ai mon paquet.

(D'un ton approbatif et haut).

Parbleu ! vous avez bien raison!

MARCEL (d'un ton tendre et naturel).

Et puis je ne me plais vraiment qu'à la maison.

Quand une chambre est saine | et riante à la vue,
Qu'on y trouve une armoire | en linge bien pourvue,

Et, ce qui vaut mieux,

Un livre sur la table, une lampe le soir,
On y revient sans peine, heureux de la revoir.

(D'un ton de mépris).

Mais ce sont les taudis et les foyers sans flamme,
Les bouges sans soleil pour le corps ni pour l'âme,
Et les réduits infects pleins de navrants secrets,
Qui font rester le pauvre au fond des cabarets !

MORIN (d'un ton mélancolique).

Je vois cela d'ici... — Mais il faut se distraire ?...

MARCEL (avec un sourire et d'un ton doux).

C'est ma confession que vous voulez donc faire?

Oh ! cela m'est égal, car

— Je n'ai rien à cacher, et je ne rougis point —
De montrer ma façon de vivre | sur ce point.

Voici ce que je suis :

Je suis de ces rêveurs, charmés de leur trouvaille,
Dont l'esprit va son train | lorsque la main travaille !
Et, quand je ne vais pas, — c'est là tout mon roman ;
— Bras dessus, bras dessous, promener la maman,

(Détachez bien le ver suivant.)

— Car les mères aussi veulent être amusées !

— Je dessine chez moi, je vais dans les musées,
Je suis les cours publics : il s'en fait à foison !
J'apprends tant bien que mal à forger ma raison.

Ai-je tort ? voyons,

A quoi sert d'habiter une pareille ville,
Si c'est pour y moisir | comme une âme servile !

Ah ! c'est que

Ma mère, en nos longs soirs d'entretiens sérieux,
Des choses de l'esprit | m'a rendu curieux.
Puis, on veut être utile, étant célibataire :
J'ai des sociétés | dont je suis secrétaire ;
Car le ciel m'a donné, sans nulle ambition,
Des instincts au-dessus de ma condition !

Et puis enfin

On doit joindre au métier | tout ce qui le relève,
Aider au bien qu'on voit|par le mieux que l'on rêve ;

Notre devoir est de

Travailler sans relâche | afin d'être plus fort,
Et contre la misère | user un moindre effort.
Et d'ailleurs, il le faut, Monsieur, le flot nous
[pousse,
Et doit encor plus haut nous porter sans secousse !

(D'un ton affirmatif et ferme).

Arbre ou peuple, toujours la force vient d'en bas :
La sève humaine monte et ne redescend pas !

MORIN (à part et d'un ton surpris).

Où prend-il tout cela?

(Haut et d'un ton brusque).

Que le diable m'emporte. —
Si j'aurais su jamais raisonner de la sorte!
J'étais un malheureux, au cœur irrésolu !
Pour en arriver là, qu'avez-vous fait?

MARCEL (s'animant et d'un ton convaincu).

J'ai lu!
Les mauvais et les bons, tous les livres ! le pire —
Est encore un esprit qui parle | et qui respire.

Et puis

La vérité, d'ailleurs, possède un tel pouvoir
Que pour la reconnaître, il suffit de la voir!

Ah! je le confesse volontiers

Aux livres | je dois tout; j'en ai là sur ma planche,
Qui me font sans ennui passer tout mon dimanche !

Je les chéris, car

Avec eux, j'ai senti mon âme s'assainir;
Ils m'ont donné la foi que j'ai dans l'avenir :
Ma mère me l'a dit, l'ignorance est brutale.

(Mouvement de Morin, Marcel continue d'un ton solennel et grave).

Elle imprime au visage une marque fatale!
Au mal, comme au carcan | l'ignorant est rivé :
Mais quiconque sait lire | est un homme sauvé

MORIN (se levant et d'un ton amer).

Bien dit!—mais vous avez de la chance, vous autres!

Ah! c'est que

Les temps où vous vivez | valent mieux que les
[nôtres!
On nous croyait tout juste assez bons pour souffrir;

Pas d'instruction, d'abord,

Les écoles | pour nous hésitaient à s'ouvrir;
Et, quand nous demandions, nous autres, pauvres
[diables,
Si vraiment | tous ces maux sont irrémédiables,
Quand nous faisions parler entre nous la raison,

Savez-vous comment on nous traitait:

On venait évoquer les lois et la prison !
Nous passions aussitôt pour d'affreux démocrates.

(D'un ton railleur et méprisant.)

Les bourgeois, blancs de peur, nous faisaient
[écarlates,

(Avec indignation).

Et dans nos cabarets | prompts à nous refouler,
Ils nous y condamnaient à boire, — sans parler !
Mais guérit-on le mal pour en savoir les causes?

Oh! je ne conteste pas que

Vous parlez bien, oui ! mais ce sont des mots !

MARCEL (d'un ton de réfutation).

Des choses !

MORIN (hochant la tête et d'un ton négatif).

Vous rêvez !

MARCEL (d'un ton ferme).

Nous cherchons !

MORIN (d'un ton d'incrédulité).

Des chimères.

MARCEL (d'un ton affirmatif et vigoureux).

Non pas !
Le niveau général n'est déjà plus si bas !
Même, s'il faut peser les biens que Dieu dispense,

On peut voir que

L'égalité | n'est pas si rare que l'on pense !
Nous avons tous l'amour, les enfants, le sommeil !

Et après tout,

Dieu fait, en nous donnant notre place au soleil,
La part des grands bonheurs | égale pour tout
[homme :
Il paie en cuivre, en or, mais c'est la même somme !

MORIN (d'un ton touché et affirmatif).

Allons ! c'est bien pensé.

MARCEL (d'un ton joyeux).

Vous trouvez ?

MORIN (lui tendant la main et d'un ton affectueux).

Touchez-là !

18

Trop tard, pour mon malheur, j'ai compris tout cela.

MARCEL (d'un ton de sollicitude).

Vous étiez malheureux?

MORIN (d'un ton affligé).

Mon histoire est trop vieille,
Vous devez l'ignorer | et je vous le conseille.

(D'un ton d'excuse).

Mais votre mère tarde, et je vais vous laisser.

Pour terminer notre affaire

Elle viendra me voir, ou je puis repasser.

MARCEL (d'un ton très aimable).

Elle sera très aise aussi de vous connaître,
Et chez vous aujourd'hui | vous la verrez peut-être.

Les Ouvriers
E. Manuel.

J. Calmann Lévy, éditeurs.

LE MERCURE GALANT

De BOURSAULT

SCÈNE DES DEUX BAVARDES

Le Mercure Galant n'est pas une pièce à vrai dire, mais une suite de scènes qui forment une série de tableaux amusants.

Tout le monde connaît la charmante scène de Larisolle et de Merlin qui contient une fine satire des règles de la grammaire sur l'accord de certains mots.

Celle des deux bavardes, moins connue, est pourtant l'une des plus originales et des plus amusantes.

Il faut la dire avec beaucoup de verve et d'animation, donner aux deux sœurs le ton précieux et affecté de femmes qui se vantent de posséder une qualité rare, et qui s'en font gloire, comme elles le prétendent elles-mêmes.

ACTE IV, SCÈNE IV
ORONTE, ORIANE, ÉLISE

<small>Oriane et Elise entrent du fond, Oronte se lève, va au devant d'elles, leur fait signe de s'avancer et lorsqu'elles sont descendues se place entre elles [1].</small>

ORIANE (d'un ton précieux, mais discret).

Monsieur, vous allez faire un mauvais jugement,

---

[1]. Elise, Oronte, Oriane.

Sans doute.

   ORONTE (d'un ton aimable et bienveillant).

  Moi, Madame ? En tout ce que vous faites,
Vous n'avez point de peine à montrer qui vous êtes :
On découvre d'abord | un mérite si grand...

   ELISE (d'un ton de remerciment un peu affecté).

Nous savons bien, Monsieur, que vous êtes galant.

 (D'un ton élogieux).

On ne voit point d'écrits comparables aux vôtres :
Que d'éloges charmants cousus les uns aux autres !
Vous louez avec grâce, il le faut avouer.

   ORONTE (d'un ton complimenteur).

D'agréables objets sont aisés à louer.
Vos manières, votre air...

   ORIANE (d'un ton poli, mais ferme).

     Brisons-là, je vous prie ;

Nous n'ignorons pas que

La louange affectée est une raillerie.

Mais je vous en prie

Tirez-nous seulement d'une grossière erreur
Qui me fait tous les jours brouiller avec ma sœur.

Il faut vous dire que

Sitôt qu'un mois commence | on m'apporte un
         [Mercure.

C'est mon plaisir d'élite et ma chère lecture ;
Et depuis qu'il paraît, ce qui m'en a déplu,

(D'un ton élogieux).

C'est qu'il est trop petit, et qu'on l'a trop tôt lu.

(Avec exaltation).

Mais un des plus charmants que l'on vous ait vu faire,
C'en est un où j'ai vu le grand art de se taire :
Art qui pour notre sexe est plein d'utilité,
Et dont ma sœur et moi nous avons profité.

Oui, je puis vous assurer que

Nous avons toutes deux purifié nos âmes
D'un défaut qui partout déshonore les femmes ;

(D'un ton solennel).

Et nous faisons un vœu, qui sans doute tiendra,
De ne parler jamais

(Mouvement de surprise d'Oronte).

     que lorsqu'il le faudra.
N'est-il pas juste aussi que des femmes se taisent ?

Il faut convenir que

Leurs discours éternels | fatiguent et déplaisent.

(Avec un ton méprisant).

Tout ce qui leur échappe est de si peu de poids,
Qu'un silence modeste est plus beau mille fois.
S'il n'était des rubans, des jupes, des dentelles,

18.

Tant que dure le jour de quoi parleraient-elles?

Je ne puis vous cacher que

Je sèche de chagrin | lorsque j'entends cela.

ELISE (d'un ton très dédaigneux).

Et qui pourrait tenir à ces sottises-là?

(Appuyez sur les trois derniers mots du vers suivant).

Est-ce un si grand effort qu'être femme et se taire,
Qu'aucune autre que nous | n'ait encor pu le faire?

(Avec un ton déférent).

(Car ma sœur, franchement, nous pourrions avouer,

(D'un ton modeste.)

N'était qu'il est honteux de vouloir se louer,
Que l'on ne voit que nous se faire violence,
Et trouver du plaisir à garder le silence.)

(Avec un ton de surprise affectée).

Mais je ne comprends point par quelle injuste loi
Vous prétendez, ma sœur, vous mieux taire que
[moi.

Car enfin

Depuis six mois entiers que j'apprends à me taire,
J'ai fait pour réussir tout ce que j'ai pu faire;
Et dans ce grand dessein je vous suis d'assez près
Pour devoir me flatter d'un semblable progrès.

(Se tournant vers Oronte et d'un ton déférent).

Je consens, comme vous, que monsieur en décide.

ORONTE (d'un ton surpris).

Moi, mesdames ?

ORIANE (d'un ton solennel).

Monsieur, soyez juge rigide.

(Se tournant vers Elise et d'un ton de condescendance).

Ma sœur, me voilà prête à vous faire un aveu
Que vous ne parlez point, ou que vous parlez peu :

Bien plus,

Que vous avez sur vous un merveilleux empire ;
Que vous ne dites rien que vous ne deviez dire ;

Et enfin

Que le don de vous taire | est l'effet de vos soins ;

(Avec un ton de restriction).

Mais avouez aussi que je parle encore moins :
Si ce n'est par devoir, que ce soit par tendresse.

ELISE (d'un ton quelque peu vexé).

Sur tout autre sujet vous seriez la maîtresse,
Ma sœur, mais sur cela ne me demandez rien.

Je vous assure que

Je donnerais pour vous tout mon sang, tout mon
  [bien,
Mais je ne puis céler que la gloire m'est chère :

(Avec exaltation).

Eh ! quelle gloire encor ! être fille et se taire !

Souffrez-moi votre égale, et par cette équité...

ORIANE (d'un ton sec et assez rapide).

Non, ma sœur, je ne puis souffrir d'égalité.
Je parle moins que vous, j'en suis sûre.

ÉLISE (même ton que sa sœur).

       Au contraire,
Si vous en jugez bien vous savez moins vous taire.

ORIANE (d'un ton d'autorité).

Je vous appris cet art. Sans moi vous l'ignoriez.

ÉLISE (d'un ton vexé et dédaigneux).

Vous m'en avez appris plus que vous n'en saviez.

ORIANE (d'un ton vif et jacasse).

Monsieur est sur ce point plus éclairé que d'autres :
Prions-le d'écouter mes raisons et les vôtres.
Nous verrons sur-le-champ notre doute éclairci.

ÉLISE (d'un ton vexé et vif).

J'en conjure monsieur.

ORIANE (même ton que sa sœur).

    Je l'en conjure aussi.

ORONTE (d'un ton embarrassé).

Je me fais un bonheur du désir de vous plaire ;
Mais comment en parlant, montrer qu'on sait se
           [taire ?

ORIANE (d'un ton rapide et empressé).

Écoutez mes raisons, et j'espère...

ELISE (d'un ton sec et prompt).

Ma sœur,
Qui parle la première a le plus de faveur.
Que dirai-je après vous sur la même matière ?

ORIANE (d'un ton persuasif et rapide).

L'une de nous, ma sœur, doit parler la première ;
Et par mon droit d'aînesse il me semble devoir...

ELISE (d'un ton de réfutation et rapidement).

La qualité d'aînée est ici sans pouvoir.

ORIANE (même ton de réfutation et de plus en plus vif).

Quittez l'opinion où cette erreur vous jette ;
Une aînée | en tous lieux parle avant sa cadette.

ELISE (d'un ton vexé et précieux).

Je sais bien qu'en tous lieux et qu'en toute saison
C'est un droit de l'aînée | alors qu'elle a raison ;

(Détachez vivement le vers du suivant).

Mais si j'ai raison, moi, qu'ai-je affaire de l'âge ?

ORIANE (d'un ton hautain et irrité).

Apprenez que sur vous j'ai ce double avantage :
Que l'âge et la raison sont pour moi contre vous,
Et que votre sottise excite mon courroux.

(Détachez bien le vers suivant avec le ton très haut).

Vous croyez que partout votre mérite brille.

ELISE (d'un ton moqueur).

Ah ! que par le babil vous êtes encore fille,
Ma sœur ! et que cet art que vous citez toujours
A votre pétulance offre un faible secours.

(Très vivement mais très articulé).

Vous me traitez de sotte ; et par ce que vous faites
Je vois qu'au lieu de moi | c'est vous-même qui
[l'êtes :

(D'un ton de restriction et d'humilité railleuse).

Et cependant, ma sœur, quoique vous le soyez,
Je ne vous en dis rien | comme vous le voyez.
Je sais dans quel respect la cadette doit être.

(Elles parlent toutes deux le plus vite qu'il leur est possible).

ORIANE (d'un ton ferme et dédaigneux).

L'aînée entre nous deux est aisée à connaître.
Vous avez quelque esprit, quelque rayon de feu ;
Mais pour du jugement vous en avez si peu,
Qu'en voulant faire voir que vous savez vous taire
Vous parlez aujourd'hui plus qu'à votre ordinaire.

ELISE (se tournant vers Oronte et d'un ton vexé).

Monsieur en est le juge, il n'a qu'à prononcer.

ORIANE (même ton que sa sœur).

J'ai la bonté pour vous de ne l'en pas presser.

ELISE (d'un ton ironique et affecté).

Pour comble de bonté | faites-moi grâce entière :
Permettez qu'à monsieur je parle la première.

ORIANE (d'un ton colère).

Vous ? me faire l'affront de parler avant moi !
Vous ne le ferez point, et j'en jure ma foi.

ELISE (même ton colère qu'Oriane).

Ni vous aussi, ma sœur, et j'en jure la mienne.
Je vous interromprai sans que rien me retienne.

(Oronte se tourne successivement vers chaque sœur).

ORONTE à ORIANE (d'un ton suppliant).

Madame...

ORIANE (d'un ton ferme et décidé).

Non, Monsieur ; je veux le premier pas.

ORONTE à ELISE (même ton suppliant).

Madame...

ELISE (d'un ton décidé comme Oriane).

Non, Monsieur, je n'en démordrai pas.

ORONTE à ORIANE (d'un ton plus suppliant).

Si vous.....

ORIANE (d'un ton de menace).

Je céderais à cette audacieuse !

ORONTE à ELISE (même ton suppliant).

Croyez...

ÉLISE (même ton de menace qu'Oriane).

J'obéirais à cette impérieuse !

ORONTE à ORIANE (d'un ton de conciliation).

Montrez-vous son aînée, et considérez bien...

ORIANE (d'un ton rageur).

Pour la faire enrager, je n'épargnerai rien.

ORONTE à ÉLISE (même ton de conciliation).

Montrez-vous sa cadette et cherchez une voie...

ELISE (même ton rageur qu'Oriane).

A la contrecarrer je mets toute ma joie.

ORONTE (d'un ton embarrassé et mécontent).

En vain de vous juger vous m'imposez la loi.
Que sais-je qui des deux parle le moins ?

ORIANE et ÉLISE (ensemble et très vivement).

C'est moi.

ORIANE (continuant et d'un ton très rapide).

Et par bonnes raisons je m'en vais vous l'ap-
[prendre.

ÉLISE (même ton rapide).

(A peine l'une d'elles donne le temps d'achever à l'autre).

Et pour en être instruit vous n'avez qu'à m'en-
[tendre.

ORIANE (d'un ton explicatif mais toujours pressé).

C'est moi qui la première ai formé le dessein

ÉLISE (même ton qu'Oriane).

J'ai pour les grands parleurs conçu tant de dédain,

ORIANE (même ton que plus haut).

De captiver ma langue et d'être distinguée.

ÉLISE (même ton que plus haut).

Que du moindre discours j'ai l'âme fatiguée.

ORIANE (parlant en même temps qu'Élise et très rapidement).

Pour peu qu'on me fréquente on admire cela.

ÉLISE (de même).

Pour peu qu'on me regarde on devine cela.

ORONTE (après un signe de surprise et d'un ton railleur).

Vous taisez-vous souvent de cette façon-là ?
Tout franc, je ne vois goutte en toutes vos ma-
[nières.

ORIANE (parlant en même temps qu'Élise d'un ton vexé et rapidement).

Je ne vous croyais pas de si courtes lumières,

ÉLISE (même ton qu'Oriane et en même temps qu'elle).

C'est pour un grand génie avoir peu de lumières.

ORIANE (même jeu, même ton).

Pour juger qui de nous était digne du prix

ÉLISE (même jeu, même ton).

Vous ne deviez pas craindre en me donnant le prix

ORIANE (même jeu, même ton).

{ Je ne sais que vous seul qui pût s'être mépris

ÉLISE (même jeu, même ton).

{ Que l'on vous soupçonnât de vous être mépris.

TOUTES DEUX (d'un ton violent et sec).

Adieu, Monsieur.

(Elles sortent).

ORONTE (seul et d'un ton moqueur, en riant).

Ma foi ! Voilà deux sœurs bien folles !

BOURSAULT.

LES GANACHES

COMÉDIE EN CINQ ACTES

De VICTORIEN SARDOU

Dans cette délicieuse comédie le duc et le marquis représentent le passé avec ses usages, ses vieilles coutumes, sa dignité et ses erreurs. Le présent a pour représentant le jacobin Vauclin, le bourgeois Formentel et l'homme de travail et de progrès, l'ingénieur Marcel Cavalier.

Dans la jolie scène du deuxième acte, que nous avons étudiée ici, le marquis défend l'ancien temps avec une éloquence fougueuse, Marcel retrace avec énergie les bienfaits de la société moderne.

Il faut donner à Marcel le ton digne et ferme d'un homme convaincu qui soutient une cause juste et qui est persuadé qu'il est dans la vérité.

Au marquis le ton fier, hautain d'un homme distingué qui a été élevé dans le respect de la noblesse et de la tradition.

On donnera à Vauclin le ton un peu bourru d'un réformateur enragé, à Formentel le ton grincheux d'un homme qui n'est jamais content de rien.

ACTE II, SCÈNE XV
MARCEL, LE MARQUIS, FROMENTIN, VAUCLIN [1]

LE MARQUIS (avec une extrême politesse, un ton d'homme du monde, mais très réservé).

Soyez assez bon pour me dire qui j'ai l'honneur de recevoir chez moi !....

MARCEL (d'un ton simple et dégagé).

Un compatriote, Monsieur. Permettez-moi de m'autoriser de ce seul titre | pour justifier l'importunité d'une visite que je vous aurais certainement épargnée, sans l'insistance de mademoiselle Marguerite.

LE MARQUIS (s'asseyant et l'invitant à s'asseoir [2]. D'un ton de prévenance et toujours un peu cérémonieux).

Mais je sais fort bon gré à ma nièce de son empressement à vous retenir, Monsieur, et je ne me consolerais pas d'ignorer plus longtemps le nom qu'elle allait me dire | et qui est sans doute....

MARCEL (d'un ton modeste).

Oh ! fort obscur, Monsieur !... Marcel Cavalier !

1. Vauclin, Marcel, le marquis Fromentel.
2. Ils s'asseyent dans le même ordre que plus haut, Vauclin seul reste debout.

LE MARQUIS (à lui-même d'un ton content).

Eh! allons donc!

(Haut, en souriant).

Marcel Cavalier! oh! très bien!...

A lui-même, d'un ton sourd et méprisant).

Croquant !

(Haut).

Cavalier!...

(Du ton d'un homme qui cherche dans son souvenir et un peu narquois.)

Mais permettez... il me semble que ce nom ne m'est pas inconnu... Cavalier!...

MARCEL (un peu choqué du ton du marquis et d'un ton ferme et décidé).

Sans doute, monsieur le Marquis... car mon arrière-grand-père était attaché à votre maison, et vous avez certainement connu mon grand-père dans votre jeunesse!

LE MARQUIS (d'un ton quelque peu dédaigneux).

Ah! parfaitement! Pierre Cavalier, notre intendant!

MARCEL (d'un ton très net).

Oui Monsieur.

LE MARQUIS.

Ah! charmante rencontre!

(A lui-même d'un ton enchanté).

Délicieuse même!... Cela va tout seul maintenant!

(Haut et toujours d'un ton dédaigneux).

Ah! vous êtes le petit-fils de ce brave homme?

MARCEL (appuyant sur le mot et d'un ton fier).

Brave homme, en effet, monsieur le Marquis; car en 93 il sauva, au péril de sa tête, le duc, votre père, qu'on venait arrêter!

LE MARQUIS (d'abord un peu embarrassé, puis se remettant et d'un ton plus convenable).

C'est bien ce que je voulais dire : un bon serviteur.

(Vauclin descend près de Marcel).

VAUCLIN (avec intérêt d'un ton curieux).

Monsieur descend du Jean Cavalier qui a commandé les révoltés des Cévennes?

LE MARQUIS (d'un ton de réfutation).

Oh! nullement! Cavalier n'était même pas un nom....

(A Marcel).

Je ne fais pas erreur,

N'est-ce pas? c'était un surnom!.... pour le distinguer d'un autre serviteur de la maison! Pierre le Cavalier!

(D'un ton explicatif et moqueur).

C'est-à-dire que celui-là montait ordinairement à cheval | pour porter nos lettres et faire nos courses.

(A Marcel).

N'est-il pas vrai ?

MARCEL (d'un ton digne et ferme).

Parfaitement, Monsieur le Marquis ; mais mon père a glorieusement transformé l'épithète en nom légitime | le jour où, à la tête d'une centaine de volontaires mal montés et mal équipés comme lui, il fit à Jemmapes certaine charge à fond de train | qui lui valut l'accolade de Dumouriez | et son premier grade sur le champ de bataille !

VAUCLIN (avec chaleur et d'un ton empressé).

Votre père est un volontaire de 92, jeune homme?

MARCEL (d'un ton approbatif).

Capitaine à Fleurus, Monsieur.

VAUCLIN (d'un ton enthousiaste).

Bravo !

MARCEL (même ton que plus haut).

Et colonel à Wagram !

VAUCLIN (faisant la grimace et se détournant avec une moue dédaigneuse).

Ah ! l'Empire !....

(Il remonte au-dessus du siège de Marcel).

LE MARQUIS (d'un ton de surprise).

Et vous répudiez un passé si glorieux, Monsieur Cavalier; vous n'êtes pas soldat?

MARCEL (d'un ton de justification).

Autres temps! autres devoirs!...

(Voulant se lever et d'un ton déférent).

Mais pardon, monsieur le Marquis, ma visite se prolonge et je craindrais....

LE MARQUIS (lui faisant signe de rester assis et d'un ton aimable).

Du tout, ne nous privez pas d'une conversation à laquelle j'attache le plus grand intérêt, je vous assure;

(D'un ton moqueur, mais toujours très poli).

et dites-nous, au moins, Monsieur Cavalier, par quelles fonctions vous ennoblissez, à votre tour, un nom si bien porté?...

MARCEL (d'un ton humble et réservé).

Cela est d'un médiocre intérêt pour vous, monsieur le Marquis; je suis ingénieur.

LE MARQUIS (d'un ton approbatif).

Ingénieur civil... ah! très bien!

(A part et d'un ton irrité).

Et tu fais la cour à ma nièce, arpenteur?

FROMENTEL (d'un ton mécontent et curieux).

Est-ce que c'est vous qui avez fait notre nouveau pont?

MARCEL (simplement).

Non, Monsieur!

FROMENTEL (d'un ton de blâme comique).

C'est que je ne vous en ferais pas mon compliment!... Si on avait bâti comme ça de mon temps!

MARCEL (à lui-même, les regardant et d'un ton vexé).

Ah çà, mais ils sont fort désagréables!... Où veulent-ils en venir?

LE MARQUIS (ironiquement et d'un ton très poli).

Allons, Monsieur Cavalier, je vous fais mon compliment : vous avez bien choisi la carrière du moment! Vive Dieu! Messieurs, on ne vous accusera pas de ne pas remuer les pierres!

Il faut en convenir,

Vous excellez à démolir surtout! Pif, paf! allez donc! la pioche et le pic ... Palais châteaux, églises...

Vous n'y regardez pas,

Bah!... au vent! — courage ; et sur les débris du vieux Paris, faites-nous un joli Paris tout neuf, avec chemins de fer sur les toits, et télégraphes électriques d'une fenêtre à l'autre!.... le tout parqueté, voûté, éclairé, chauffé au gaz comme une usine | et parfumé d'huile chaude et de carbone ; ce sera délicieux!

MARCEL (piqué, d'un ton froid, mais résolu).

Je ne sais pas, monsieur le Marquis, si nous ferons jamais ce Paris-là ; mais je puis bien vous garantir que nous ne vous rendrons jamais celui du moyen âge.

LE MARQUIS (d'un ton de blâme).

Tant pis, Monsieur, il était beau !

MARCEL (d'un ton ironique).

Les jours de peste surtout!.... Mais de quel Paris parlez-vous, monsieur le Marquis? — du Paris de Louis XIV, de François Ier, de Charles V, ou de Philippe-Auguste ?

LE MARQUIS (d'un ton hautain).

De tous.

MARCEL (d'un ton réservé, mais railleur).

Il faut pourtant choisir; car enfin l'un ne s'est bâti que sur les débris de l'autre ; et pour être absolument logique, vous n'avez le droit de regretter que le premier démoli, celui de Julien l'Apostat.

LE MARQUIS (d'un ton grave et ferme).

Je regrette tout ce qui était beau | et qui est tombé.

MARCEL (d'un ton fier et hautain).

Eh! nous aussi, Monsieur, et nous nous efforçons assez à réparer le mal!

(D'un ton plus calme et explicatif).

Mais vous parliez d'églises; et, sans vous rappeler que c'est nous qui restaurons aujourd'hui celles que vos pères ont gâtées au dix-huitième siècle,

Voulez-vous un exemple

allez à Sainte-Croix, votre paroisse, regardez une des fenêtres de l'abside, à l'intérieur; vous y verrez une pierre où sont encore gravés quelques caractères antiques : Un *ex-voto à Cérès!*

Or c'est

Tout ce qui reste d'un temple païen | qui fut jadis à la même place.

Oh! je ne le conteste pas,

Le temple était fort beau sans doute, mais il n'était plus que le passé! et l'Église s'est victorieusement assise sur les débris du temple | écrasé dans sa poussière!...

Ah! que voulez-vous?

C'était la loi!... c'était justice, et je vous défie de l'en blâmer.

LE MARQUIS (d'un ton embarrassé).

Oh! l'Église soit!... mais...

MARCEL [1] (avec chaleur et d'un ton très énergique).

Et pourquoi n'obéirais-je pas à la même loi, quand j'élargis nos rues, au risque d'éventrer la façade de vos hôtels?

Il le faut bien, car

Ils sont vides et la foule est dans la rue! Faites-lui place!...

Vous me dites que

Vous regrettez vos ruines! Eh! nous aussi;

(D'un ton très ferme et résolu).

mais je veux passer et je passerai : car je suis dans mon droit; car j'obéis à la loi qui, toujours et partout, sacrifie la poésie du passé | aux réalités du présent; car j'entends une voix qui me crie sans cesse :

(D'un ton grave et solennel).

« Souviens-toi que tu viens du *pire* et que tu vas au *mieux;* marque ton pas! pour que tes fils le retrouvent!... Et vite, et en avant!. »

(Avec un ton d'exaltation et de profonde conviction).

Et grisé par ces mots : « En avant! » répétés sans cesse à mon oreille, comme vos anciens cris de

---

1. Il se lève, le marquis et Fromentel aussi.

bataille | et qui nous poussent à la bataille, en effet ; mais contre l'Ignorance, la Routine, la Misère, la Faim, la Douleur !...

Oh! je vous certifie que

Dans cette sainte croisade de l'humanité tout entière liguée contre le Mal, je sens avec orgueil que c'est moi qui la mène au combat... et je vole partout devant elle | chevauchant la vapeur...

(D'un ton dégagé et méprisant).

Quant aux ruines que je disperse en passant... belle affaire! je sème des villes sur la route !... Bonsoir, poussière, et en avant !

VAUCLIN (redescendant et d'un ton enthousiaste).

Bravo ! jeune homme, bravo ! nous faisons route ensemble !

MARCEL (d'un ton un peu railleur et gaiment).

Quand vous ne chauffez pas trop, Monsieur, et quand vous ne déraillez pas !

LE MARQUIS (d'un ton ironique et calme).

Charmante allégorie !... que suis-je donc, à ce prix ? La chaise à porteurs ?

FROMENTEL (d'un ton vexé).

Et moi le coucou !

LE MARQUIS (d'un ton de fausse humilité).

Je me trompais donc bien, car

Je me figurais, naïf, que pendant des siècles | nous avions guidé l'humanité dans le bon chemin.

MARCEL (d'un ton de remarque et très finement).

A la longue, monsieur le Marquis, le meilleur sillon | peut devenir une ornière.

LE MARQUIS (d'un ton fier et décidé).

Et qu'y jetez-vous, Monsieur, dans votre sillon, qui vaille ce que nous semions dans le nôtre?

MARCEL (même ton que le marquis).

Tout ce que vous semiez, monsieur le Marquis, et de plus, une petite graine qui favorise merveilleusement la croissance des autres... le *Progrès!*

LE MARQUIS (ironiquement et d'un ton exubérant).

Eh! allons donc! Lâchez-le donc le fameux mot : le *Progrès*, Monsieur. Oh! mais, comment donc! mais, je crois bien... le *Progrès*... Que ne le disiez vous tout de suite! Mais, vive le *Progrès*, pardieu!...

MARCEL (d'un ton plus réservé, mais ferme).

Toutes les railleries ne feront pas...

LE MARQUIS (d'un ton de vive moquerie).

Ah! vous photographiez mon portrait plus laid que nature | et vous appelez cela de l'art!.. Ah!

vous fabriquez du vin où il n'entre pas un grain de raisin | et vous appelez cela de la science ! Ah ! vous niez le bon Dieu, comme monsieur,

(Il montre Vauclin).

pour douer la salade et les petits cailloux de propriétés divines... et vous appelez cela de la philosophie ! ah ! vous inventez des machines qui sautent, des locomotives qui sautent, des lampes, des cafetières et des calorifères qui sautent, et vous appelez cela le *Progrès* ?

MARCEL (d'un ton de réfutation).

Mais il y a aussi...

LE MARQUIS (vivement et toujours très moqueur).

Oui, les mœurs ! n'est-ce pas ? C'est là qu'il fleurit votre *Progrès* ?

Vous pouvez les vanter, vos mœurs,

Une vie folle, fiévreuse, enragée, qui ne laisse le temps ni de penser, ni d'aimer, ni d'être bon, ni surtout d'être honnête !

Et comment le serait-on ?

On va, on vient, on court, on mange vite, on dort vite, on se marie très vite ! on se déteste encore plus vite : monsieur va au cercle, madame au bal, le fils au café ; l'argent gagné, Dieu sait comme, arrive, saute | et sort, Dieu sait comment !

Qu'en résulte-t-il ?

Du luxe partout! de l'aisance nulle part! Une génération d'horribles petits vieillards étiques | que vous appelez vos jeunes gens.

(D'un ton de réticence polie).

(Les présents sont exceptés bien entendu), qui jouent à la Bourse | à l'âge ou nous jouions encore aux billes ! Tout cela sans frein, sans foi, sans chaleur et sans flamme !...

(Très vivement et d'un ton méprisant).

Égoïstes, blasés, mal appris, abrutis par le tabac, par le jeu, et portant bien la trace de leurs sales veilles sur des fronts blêmes comme l'argent | et jaunes comme l'or...

Oh! vous pouvez en être fier, car

Le voilà votre avenir!... la voilà votre espérance! Le voilà votre immense, votre admirable, votre merveilleux *Progrès*...

(Net et d'un ton cassant).

dans le mal.

MARCEL (d'un ton de réfutation et de dédain).

Et voilà bien aussi l'éternel refrain | qui depuis quatre mille ans se répète de père en fils : les vices d'aujourd'hui, mais les vertus d'autrefois !

(D'un ton réservé, poli, mais ferme).

Souffrez, monsieur le Marquis, que je défende

cette pauvre génération dont je suis, et que je vous demande en quoi la belle jeunesse | de ce que vous appelez le bon temps | valait mieux que la nôtre !...

Voyons! que nous reprocherez-vous ?

(Faites bien valoir les antithèses en mettant sur un même ton tous les premiers termes de chaque comparaison, et sur un autre ton, mais toujours le même, les seconds termes de ces comparaisons).

Nous fumons, c'est vrai : vos Richelieu prisaient !... Nous allons au café : vous alliez au cabaret !...

Nous faisons des mariages d'intérêt | où nous allions nos coffres-forts : vous faisiez des mariages de convenance | où vous unissiez vos blasons !... Nous jouons à la Bourse ; vous trafiquiez rue Quincampoix ; et nous n'avons pas encore trouvé notre comte de Horn | qui assassine un coulissier pour lui voler ses actions !... Vous vous récriez à nos toilettes, à nos pinces-nez, à nos favoris en broussailles !... Et les canons de vos raffinés | et leurs déplorables perruques !...

Vous demandez :

Pourquoi des crinolines à nos dames?

Et je vous réponds :

Pourquoi des paniers aux vôtres? — Sont-elles peintes?... étaient-elles coloriées!!! Mal élevés, nous le sommes,

Je le reconnais sans peine.

je le veux bien, mais enfin nous ne rossons plus le guet ; nous ne bâtonnons plus les valets, les créanciers, ni les maris ! — Nous ne cassons plus les réverbères ; nous n'allons plus, par passe-temps, sur le pont Neuf, comme Monsieur le chevalier de Rieux, avec les plus fringants de la cour, voler la bourse et le manteau des passants. — Enfin, nous parlons argot, *javanais*, tout ce qu'il vous plaira ! C'est bête, oui ! mais avez-vous assez grasseyé, suivant la mode, patoisé, baragouiné à l'italienne, supprimé des R, ajouté des Z ?...

(D'un ton convaincu mais déférent).

Allons, allons, monsieur le Marquis, laissez crier à la décadence certaines gens | qui n'ont que ce moyen de justifier leur propre nullité, et trop heureux d'ailleurs d'assommer les vivants qui les gênent, avec les os des morts | qui ne les gênent plus ; et accordez-moi bonnement, qu'en sottises et en vices | les siècles n'ont rien à se reprocher l'un à l'autre ; et qu'à tout prendre, avec moins d'honneur qu'autrefois, nous avons souvent plus de probité ; avec moins de morale | plus de mœurs, et en définitive, autant d'esprit pour le mal, et tout autant de cœur pour le bien !

LE MARQUIS (d'un ton sec et irrité).

En tous cas, Monsieur, ce n'est pas un gentilhomme de mon temps | qui se fût permis de franchir la clôture d'une maison, dans un but évidemment suspect, puisque nous sommes encore à le connaître !...

MARCEL (d'un ton surpris).

Eh! Monsieur, est-ce là que vous vouliez en venir? Avouez qu'il eût été plus généreux | de me mettre loyalement en demeure de me justifier tout d'abord.

LE MARQUIS (d'un ton résolu et net).

Eh bien! vous avez dit le mot, Monsieur; faites la chose : et sachons enfin pourquoi depuis deux jours | ces allures étranges autour de ma demeure?

MARCEL (d'un ton de justification).

Je suis peut-être un peu coupable, monsieur le Marquis, je l'avoue d'avoir pénétré...

LE MARQUIS (l'interrompant et d'un ton dur).

Un peu coupable!... Monsieur, l'homme qui échange des regards avec une jeune fille, et qui tout à l'heure encore lui écrivait...

MARCEL (stupéfait et d'un ton de vive réfutation).

Moi!... moi!... mais voilà une déplorable erreur, Monsieur... mais ce que je fais depuis hier, mais ce que j'écrivais tout à l'heure... mais rien de tout cela n'a le moindre rapport avec mademoiselle votre nièce, que j'estime et que j'honore infiniment!

LE MARQUIS (d'un ton sec et accusateur).

Mais enfin, Monsieur, vous regardiez constamment de ce côté.

MARCEL (d'un ton simple).

Je l'avoue !

LE MARQUIS (même ton que plus haut).

Vous écriviez ?

MARCEL (d'un ton de restriction).

Pardon !... je dessinais.

(Prenant l'album).

Des croquis, des plans, une vue à vol d'oiseau de votre parc, de votre maison même... et voilà tout mon crime !

(Les trois hommes se regardent stupéfaits).

LE MARQUIS (d'un ton étonné et plus calme).

Mais tout cela, Monsieur, dans quel but enfin, pourquoi ?

MARCEL (d'un ton simple et convaincu).

Mais pour compléter l'étude que je fais depuis un mois, monsieur le Marquis, par ordre de la compagnie dont je suis ingénieur.

LE MARQUIS (d'un ton surpris et lentement).

Une étude !... de route ?...

MARCEL (d'un ton explicatif et naturel).

Non, monsieur le marquis, mais un embranchement du chemin de fer de Nantes, que nous poussons à Quimper, par Vannes et par Quimperlé.

LE MARQUIS, FROMENTEL, VAUCLIN (d'un ton d'ébahissement).

Par Quimperlé ?

MARCEL (ouvrant l'album d'un ton simple).

Et voici le tracé que j'achevais | et qui coupe en deux votre maison !

LE MARQUIS (tombant assis et saisissant l'album, d'un ton atterré).

Ma maison ! ma maison !

VAUCLIN (courant à la table et d'un ton exaspéré).

Un chemin de fer, ici.

FROMENTEL (d'un ton de vive colère).

Chez nous ?

MARCEL (très simplement [1]).

C'est la voie directe !

LE MARQUIS (regardant le tracé et d'un ton ironique).

Oui, oui, regardez ! c'est bien cela ! la ligne noire va, vient, monte et descend !

Comment donc, mais

Elle serpente... elle abat... elle brise tout !

[1] Marcel, Fromentel, Vauclin, le Marquis.

Vous voyez,

Mon jardin... coupé! mon parc, mes vieux arbres, mes beaux arbres... coupés!

(Avec une vraie émotion).

Ma maison, cette chère maison que trois générations se sont plu à agrandir, à embellir... coupée, ruinée, en poussière!

(Se levant et avec une colère sourde).

Rien, il ne nous laisseront rien!
Comment

Je fuis leur ville... je viens m'enfouir dans un désert, loin de leur monde nouveau que j'exècre... et là du moins je me crois à l'abri de leur infernal génie!...

(D'un ton de colère et d'ironie).

Mais non !... nous laisser le droit de vivre, d'aimer, de prier à notre guise... Allons donc! il faut bien que leur progrès étende ses bras jusqu'ici, et qu'il nous torture dans ses roues d'acier, et qu'il passe... Dût-il nous broyer le cœur.

VAUCLIN (cherchant à le calmer d'un ton affectueux).

Voyons! voyons!

LE MARQUIS (d'un ton irrité et résolu).

Ah! ce n'est pas encore fait! et j'en jure Dieu, je le défendrai pied à pied, mon dernier asile; et plutôt que de jeter au vent la cendre du foyer, vous écraserez celle du maître.

(Il va tomber assis à droite ¹).

VAUCLIN (d'un ton de conciliation).

Voyons! sapristi! sois un homme! du cœur.

FROMENTEL (assis de face et regardant le tracé, d'un ton patelin et hypocrite).

Tout n'est pas perdu, que diable! il est si facile de modifier le tracé... ce bon jeune homme ne demande pas mieux... la ligne un peu plus à droite ou à gauche; qu'est-ce que ça lui fait? Par exemple sur les terrains de monsieur le maire! par ici... là, le petit ruisseau bordé de betteraves! Ça n'a rien de sérieux ça, un petit ruisseau et des betteraves.

MARCEL (regardant et d'un ton approbatif).

Parfaitement.

FROMENTEL (d'un ton cauteleux).

D'autant que nous ne sommes pas des ingrats et que...

MARCEL (l'arrêtant et d'un ton énergique).

Monsieur Fromentel! si j'avais pu oublier un instant mon devoir, il ne fallait qu'une phrase pareille | pour me rappeler qu'il est tout entier tracé dans cette ligne noire, et que ma conscience n'a plus le droit d'en sortir. Demandez à monsieur le Marquis, qui s'y connaît en fait d'honneur!

1. Fromentel, Marcel, le marquis, Vauclin.

LE MARQUIS (d'un ton grave et digne).

Vous avez raison, Monsieur!... et je vous demande pardon d'avoir pu soupçonner un instant votre loyauté! Aussi bien n'est-ce pas à vous que j'ai affaire... et je pars...

VAUCLIN (d'un ton étonné).

Tu pars?

LE MARQUIS (d'un ton décidé).

Pour Paris.

FROMENTEL (d'un ton ébahi).

Pour Paris?

VAUCLIN (d'un ton de curiosité).

Tu veux?...

LE MARQUIS (d'un ton résolu).

Ah! laisse-moi, il ne fallait pas moins pour me faire oublier un serment de trente ans!... Mais je la verrai une fois face à face leur civilisation, et je me mettrai au courant!...

Et puis enfin,

Ce n'est qu'un projet, grâce à Dieu!... J'ai des amis, des parents influents!...
Je verrai! je saurai!... Et, pardieu! moi aussi j'intriguerai... Allez-vous à Paris, Monsieur?

MARCEL (d'un ton simple et réservé).

Non, monsieur le Marquis. Je souhaite bien sincèrement que vous puissiez faire modifier mes instructions : j'aurai l'honneur, si vous le permettez, de vous voir à votre retour.

LE MARQUIS (d'un ton poli, mais froid).

Merci, Monsieur! Adieu, Fromentel! adieu, Vauclin!

VAUCLIN (l'arrêtant, d'un ton de conciliation).

Voyons, Laroche! voyons, là, soyons raisonnable, morbleu! Si ton roi te la demandait, ta maison, la donnerais-tu?

LE MARQUIS (avec élan et d'un ton convaincu).

Ah! à lui... parbleu!

VAUCLIN (d'un ton engageant).

Eh bien! c'est le pays qui la demande! donne-la, et vive la Nation!

LE MARQUIS (d'un ton railleur).

Ah! ce n'est pas la même chose, mon ami, ce n'est pas la même chose!

VAUCLIN (d'un ton de persistance).

Mais, vieil entêté!...

LE MARQUIS (d'un ton résolu et ferme).

Ne me querelle pas!... je n'aurais pas la force de te répondre.

VAUCLIN (lui serrant les mains et d'un ton résigné).

Alors, bon voyage!... bon voyage!

LE MARQUIS (très ému et d'un ton sourd).

Ah ! nous allons bien voir !... Bourreaux ! bourreaux.

(Il sort, Cavalier referme son album).

FROMENTEL (prêt à suivre le marquis, à Marcel, avec reproche et d'un ton doucereux).

Quand on pense qu'il était si facile de passer par le petit ruisseau !

MARCEL (le saluant et d'un ton moqueur).

Et de rouler dans la boue !

(Il sort, Fromentel hausse les épaules et sort de son côté).

VAUCLIN (seul, passant à gauche, d'un ton convaincu).

Eh bien ! au moins c'est un honnête homme, celui-là.

Victorien SARDOU [1].

1. CALMANN-LÉVY, éditeur, rue Auber, 3.

LOUISON

COMÉDIE EN TROIS ACTES

D'ALFRED DE MUSSET

Un recueil de scènes choisies dans les auteurs modernes devait nécessairement contenir une scène d'Alfred de Musset.

Nous avons vu dans la jolie comédie de Louison un dialogue vif et spirituel entre Berthaud et Lisette qui se détache facilement de l'œuvre.

Il y a dans les comédies de Musset beaucoup d'autres scènes délicieuses, mais qui n'ont pas toujours un sens complet quand on les extrait de la pièce qui les renferme.

Pour dire la scène que nous avons étudiée ici il faut beaucoup de brio et d'entrain.

On donnera à Berthaud une grande franchise et une grande bonhomie, à Lisette de la malice, de l'esprit et l'allure vive des soubrettes Louis XV.

1. CHARPENTIER, éditeur.

SCÈNE IV

BERTHAUD, LISETTE [1]

BERTHAUD (d'un ton gai et ouvert).

C'est moi.

LISETTE (d'un ton surpris).

Qui, toi ?

BERTHAUD (d'un ton réjoui).

Berthaud.

LISETTE (d'un ton curieux).

Berthaud ? Que nous veux-tu ?

BERTHAUD (d'un ton naïf).

Moi ? rien.

LISETTE (d'un ton sec et mécontent).

Tu n'es qu'un sot.

Tu es fou de venir ici, sans prévenir,
On n'entre pas ainsi que l'on ne vous appelle.

BERTHAUD (d'un ton d'admiration).

Oh ! mam'selle Louison, comme vous êtes belle !

(La toisant du haut en bas).

Comme vous voilà propre et de bonne façon !

---

1. Berthaud vient du fond, Lisette.

LISETTE (d'un ton étonné).

Que dis-tu donc, l'ami ? — Je connais ce garçon.

BERTHAUD (avec un ton d'ébahissement).

Quels beaux tire-bouchons vous avez aux oreilles !
Quelle robe ! on dirait d'une ruche d'abeilles.

LISETTE (d'un ton curieux).

Tu te nommes, dis-tu ?

BERTHAUD (dit simplement son nom, puis reprend avec un ton comiquement admiratif).

Berthaud. Quel gros chignon !
Et ces souliers tout blancs, ça doit vous coûter bon ;

(D'un ton fin et narquois).

Pas moins, vous devez bien être un brin empêtrée.

LISETTE (d'un ton vexé).

M'as-tu | de pied en cap assez considérée ?

(Reconnaissant Berthaud et d'un ton surpris).

Hé mais, c'est toi, Lucas !

BERTHAUD (d'un ton niais).

Vous me reconnaissez ?

LISETTE (d'un ton approbatif et curieux).

Oui certe, et d'où viens-tu ?

BERTHAUD (d'un ton naïf).

Par ma foi, je ne sais.

LISETTE (d'un ton moqueur).

Bon.

BERTHAUD (d'un ton explicatif).

Pour venir ici, j'ai pris tant de rues,
J'en ai l'esprit tout bête | et les jambes fourbues.

LISETTE (d'un ton obligeant).

Assieds-toi,

BERTHAUD (d'un ton de restriction).

Que non pas ! je suis bien trop courtois.

Et puis, je vais vous dire,

Quand j'ai mon habit neuf, jamais je ne m'asseois.

LISETTE (d'un ton railleur).

Fort bien, cela pourrait gâter ta broderie.

(D'un ton surpris).

Tu n'es donc plus berger dans notre métairie ?

Je n'en reviens pas,

Mais tu viens du pays ? Comment va-t-on chez nous ?

BERTHAUD (d'un ton d'indifférence).

Je n'en sais rien non plus ; moi, j'ai fait comme vous.

(Avec un ton méprisant).

Oh ! je ne garde plus les vaches ! — Au contraire.
C'est Jean qui les conduit, et Suzon les va traire.

Tout est bien changé, allez!

Oh! ce n'est plus du tout comme de votre temps.

(Avec un ton explicatif).

C'est la grande Nanon qui fait de l'herbe aux
[champs.
Pierrot est sacristain, et Thomas fait la guerre;
Catherine est nourrice, et Nicole...

LISETTE (d'un ton empressé).

Et mon père?

BERTHAUD (avec un ton rassurant).

Votre père, pardine, il ne lui manque rien.

Toujours gaillard, sans souci,

On est sûr, celui-là, qu'il mange et qu'il dort bien.
Ceux qui vivent chez lui n'ont point la clavelée.

LISETTE (d'un ton curieux).

Mais toi, par quel hasard as-tu pris ta volée?

BERTHAUD (d'un ton finaud et réjoui).

Voyez-vous, quand j'ai vu que vous étiez ici,
Et que votre départ vous avait réussi,
Je me suis dit: Paris, ça n'est pas dans la lune.

Que voulez-vous?

J'avais comme un instinct de faire ma fortune,
Et puis je m'ennuyais avec mes animaux;

(Avec un naïf abandon).

Et puis, je vous aimais, pour tout dire en trois mots.

LISETTE (d'un ton très surpris).

Toi, Lucas?

BERTHAUD (d'un ton sincère et naturel).

Moi, Lucas. En êtes-vous fâchée?
Un chien regarde bien...

LISETTE (d'un ton bienveillant).

Non, non, j'en suis touchée.
Tu te nommes Berthaud ? D'où te vient ce nom-là?

BERTHAUD (d'un ton malin et important).

C'est mon nom de famille ; à Paris, il faut ça,
Quand on va dans le monde...

LISETTE (d'un ton de sollicitude).

Et tu vis bien, j'espère?

BERTHAUD (d'un ton satisfait).

Vingt-six livres par mois, et presque rien à faire.
Vous savez bien que
Quand on a de l'esprit, l'emploi ne manque pas.

LISETTE (d'un ton approbatif).

Sans doute ; et ton chemin s'est donc fait à grands
[pas ?

BERTHAUD (d'un ton enchanté).

Je crois bien, je suis clerc.

LISETTE (d'un ton louangeur).

Ah! ah! chez un notaire?

BERTHAUD (d'un ton naïf).

Non.

LISETTE (d'un ton curieux et étonné).

Chez un procureur?

BERTHAUD (avec importance).

Chez un apothicaire.

LISETTE (d'un ton narquois et gai).

Peste? voilà de quoi mettre en jeu les talents.
Eh bien, monsieur Berthaud, que voulez-vous céans?

BERTHAUD (d'un ton embarrassé).

Ah! dame, en arrivant, j'avais bien une idée;
J'ai l'imaginative un tant soit peu bridée.
Pourtant, malgré vos nœuds et vos mignons souliers.

Je vous certifie que

Je vous épouserais encore, si vous vouliez.

LISETTE (avec un cri d'étonnement).

Toi?

BERTHAUD (d'un ton vexé).

Mon père est fermier, pas si gros que le vôtre;

Je le reconnais

Mais enfin, dans ce monde, on vit l'un portant l'autre,

LISETTE (avec un ton railleur).

Tu crois donc que ma main serait digne de toi ?

BERTHAUD (d'un ton malicieux).

Dame, si vous vouliez, il ne tiendrait qu'à moi.
Écoutez, puisqu'enfin la parole est lâchée,
Et puisqu'à votre avis vous n'êtes point fâchée,

Ah ! je sais parbleu que

Vous êtes bien gentille, on le sait, on voit clair ;
Mais, moi, je ne suis pas si laid que j'en ai l'air.

(Avec un ton important et en détaillant bien).

Je sais signer moi-même, et je lis dans des livres.
Je viens de vous conter que j'avais vingt-six livres,
Mais il est des secrets qu'on peut vous confier ;

(D'un ton mystérieux).

Mon maître, au jour de l'an, va me gratifier,
C'est déjà quelque chose. A présent autre idée :

(Avec un ton important).

Ma tante Labalue est presque décédée.

Elle est fort riche, car

Elle a dans ses tiroirs, qu'il soit dit entre nous,
Pour plus de cent écus en joyaux et bijoux.

On ne sait pas les grains qu'elle amassait chez elle,
Ni les hardes qu'elle a, sans compter sa vaisselle.

Or, s'il faut vous le dire,

Elle a mis trois quarts d'heure à faire un testament,
Et j'hérite de tout universellement.

(D'un ton finaud).

Çà commence à sourire. Encore une autre histoire.

Ecoutez bien :

Thomas donc est soldat, embarqué pour la gloire.

Il a eu tort,

Moi, j'aurais à sa place épousé Jeanneton,
Mais il ne lui faudrait qu'un coup de mousqueton.

Oh ! je ne le désire pas,

C'est mon cousin germain ; que le ciel le protège !

Mais enfin

Ce métier-là, toujours, n'est pas blanc comme neige.

(D'un ton d'importance).

Vous voyez que je suis un assez bon parti ;

En nous mariant

Nous pourrions faire un couple un peu bien assorti.
Contre la pharmacie avez-vous à reprendre ?

Remarquez bien qu'

On n'est point obligé d'y goûter pour en vendre.

Peut-être que

Mon pourparler vous semble un peu risible et sot ;

Oh! je sais que

Vous avez l'esprit riche | et vous visez de haut,

(Avec un air entendu).

Mais, voyez-vous, le tout est d'être ou de paraître.

Je sais parfaitement que

Vous portez du clinquant, mais c'est à votre maître.

Or s'il faut

Que l'on vous remercie, il ne vous reste rien ;

(Avec un ton satisfait).

Moi, je n'ai qu'un habit, d'accord, mais c'est le mien.

(Avec un ton d'importance).

J'ai lu dans les écrits de monsieur de Voltaire
Que les mortels | entr'eux sont égaux sur la terre.

Cela m'a frappé et

Sur ce proverbe-là j'ai beaucoup médité,
Et j'ai vu de mes yeux | que c'est la vérité.

Oui, je crois qu'

Il ne faut mépriser personne dans la vie,
Car tout le monde peut mettre à la loterie.
Ce grand homme l'a dit, c'est son opinion,

(D'un ton nerveux et exalté).

Et c'est pourquoi, jarni, j'ai de l'ambition.

LISETTE (d'un ton complimenteur).

Je t'écoute, Lucas ; ta rhétorique est forte.
Changeras-tu d'avis ?

BERTHAUD (d'un ton naïf et sincère).

Non, le diable m'emporte,

LISETTE (d'un ton de recommandation).

Eh bien ! reste à l'hôtel, et ne t'éloigne pas.
Observe Monseigneur, et suis bien tous ses pas.

BERTHAUD (d'un ton approbatif).

Oui.

LISETTE (même ton de recommandation).

Si tu le vois seul, mets-toi sur son passage,

BERTHAUD (toujours approbatif).

Bien !

LISETTE (appuyant sur les vers suivants).

Dis-lui tes projets pour notre mariage.

BERTHAUD du ton d'un homme qui comprend).

Bon !

LISETTE.

Et surtout

Dis-lui que c'est moi qui le prie instamment —
D'y prêter sa faveur et son consentement.

BERTHAUD (d'un ton de vif contentement).

Mais vous consentez donc ?

21

LISETTE (d'un ton approbatif).

Sans doute. — Le temps
[presse;
Va-t'en.

BERTHAUD (de plus en plus satisfait).

Vous consentez?

LISETTE (le poussant et d'un ton pressé).

On vient, c'est la Duchesse;
Dépêche, — hors d'ici.

BERTHAUD (d'un ton de béatitude).

Vous consentez, Louison!

LISETTE (d'un ton de recommandation).

Va, — ne bavarde pas surtout dans la maison.

Alfred de MUSSET.

Théâtre, CHARPENTIER, éditeur

TABLE DES MATIÈRES

INTRODUCTION....	1
Le Gendre de M. Poirier. — E. AUGIER....	1
Le Malade imaginaire. — MOLIÈRE.	15
Pierrot Posthume. — Th. GAUTHIER.	29
Don Juan. — MOLIÈRE...	35
Ruy-Blas. — V. HUGO.	51
Les Faux Bonhommes. — Th. BARRIÈRE.	65
Réveil d'enfants. — V. HUGO.	85
Monsieur de Pouceaugnac. — MOLIÈRE.	101
La Remise de l'Étendard. — A. DE LAUNAY.	119
Les Petits Oiseaux. — E. LABICHE.	137
Les Lentilles universitaires. — J. CLARETIE.	159
Les Fourberies de Scapin. — MOLIÈRE.	167
Diane. — E. AUGIER.	181
La Vie. — GRENET-DANCOURT.	199
Démocrite. — REGNARD.	207
L'Aventurière. — E. AUGIER.	223
Enithalame parisien. — J. NORMAND.	237
Le Bourgeois gentilhomme. — MOLIÈRE.	245
— — Scène du maitre de philosophie.	246
— — Scènes du IIIᵉ acte.	259
Monsieur le Ministre. — J. CLARETIE.	277
Le Médecin malgré lui. — MOLIÈRE.	287
Les Ouvriers. — E. MANUEL.	299
Le Mercure galant. — BOURSAULT.	315
Les Ganaches. — V. SARDOU.	327
Louison. — A. DE MUSSET.	351

CORBEIL. — IMPRIMERIE CRÉTÉ DE L'ARBRE

www.ingramcontent.com/pod-product-compliance
Lightning Source LLC
Chambersburg PA
CBHW050535170426
43201CB00011B/1431